청소년을 위한
쇄미록

『난중일기』
『징비록』에 이은
임진왜란
3대 기록물

청소년을 위한
쇄미록

오희문 지음 | 서윤희 풀어씀

사회평론아카데미

임진왜란을 살아 낸
보통 사람들의 이야기

『쇄미록』은 조선시대 양반 오희문이 임진왜란으로 고향
을 떠나 가족과 함께 떠돌아다니며 쓴 피란일기다. 한마디
로 오희문의 '난중일기'라고 할 수 있다.

『쇄미록』은 역사 기록으로서의 가치를 인정받아 1991년
9월에 국가 보물로 지정되었으며, 이순신의 『난중일기』, 류
성룡의 『징비록』과 더불어 임진왜란 3대 기록물로 꼽힌다.
하지만 『난중일기』와 『징비록』이 널리 알려진 데 반해,『쇄
미록』의 인지도는 상대적으로 낮은 편이다. 이순신과 류성
룡은 각각 조선의 뛰어난 장군과 관료로서 임진왜란을 직
접 지휘하였으나, 오희문은 그저 '보통 사람'으로서 피란을

다녔을 뿐이었다. 아마도 이러한 까닭에 이제껏 『쇄미록』이 상대적으로 덜 알려질 수밖에 없었을 것이다.

그러나 개인의 일상을 기록한 『쇄미록』에는 전쟁으로 인한 고통과 피란지에서의 삶이 생생하게 묘사되어 있으며, 오희문의 가족과 친척, 이웃, 주변 사람의 일화를 통해 16세기 말 조선의 생활상을 엿볼 수 있다. 이는 『난중일기』나 『징비록』에서는 찾아볼 수 없는 『쇄미록』만의 강점이다.

오희문이 집을 떠난 1591년 11월 27일부터 다시 한양으로 돌아오는 1601년 2월 27일까지, 9년 3개월(3,368일) 동안의 일상이 기록된 『쇄미록』은 그 방대한 분량으로 인해 일반 독자가 읽기 쉽지 않았다. 또한 일기 형식의 서술 방식이 독자가 전체적인 내용을 파악하는 데 부담을 준 것도 사실이다.

이러한 부담을 덜기 위해 『청소년을 위한 쇄미록』을 새로이 엮었다. 우선 반복되는 내용과 지나치게 자세한 내용을 생략하여 『쇄미록』의 내용을 한 권으로 압축했다. 그런 다음 오희문의 시기별 피란 여정을 따라 새롭게 주제를 구성하고 내용을 작성했다. 또한 오희문이 직접 이야기하듯 서술 방식을 바꾸었으나, 옛 말투를 살려 읽는 재미를 남겼다. 각 장 끝에는 '쉽게 읽는 쇄미록'을 두어 16세기 조선시대의 생활상과 임진왜란의 경과 등을 설명했다. 아울러 같은 사건을 겪고도 이를 다른 입장에서 바라보았을 오희문의 주변 사람들의 생각과 감정을 상상하여 쓴 글을 덧붙이고, '○○의 목소리'라고 제목을 지었다. 이는 『쇄미록』을 읽을 때, 오희문의 주변 인물들의 목소리가 쟁쟁하게 들리는 듯했던 경험을 독자들과 나누고 싶었기 때문이다. 이러한 장치들을 통해 독자가 전쟁으로 무너진 '보통 사람'들의 삶에 더 가까이 다가갈 수 있기를 기대한다.

전쟁은 오희문과 같은 '보통 사람'들의 일상을 송두리째 흔들어 놓았다. 많은 사람이 죽어 나가는 가운데 오희문은 살아남아 가족을 지켜야 했다. 피란하며 떠돌던 10년의 세월 속에는 자식들이 결혼하고 과거에 급제하는 등 경사스러운 날이 있었던 반면, 가족이나 지인을 잃어 커다란 슬픔을 맛봐야 했던 날도 있었다. 오희문은 이러한 삶의 무게를 견디며 임진왜란을 살아 냈다.

『쇄미록』은 430여 년 전의 일기다. 시대도 상황도 지금과는 완전히 다르지만, 오희문과 비슷한 상황에 처한다면 우리의 선택도 그의 선택과 크게 다르지 않을 것이다.

이 책이 나오기까지 물심양면으로 지원을 아끼지 않은 사회평론아카데미 출판사와 정성스럽게 책을 만들어 준 정용준 편집자에게 고마운 마음을 전한다.

2024년의 뜨거운 여름을 보내며
서윤희

오희문의 가계도

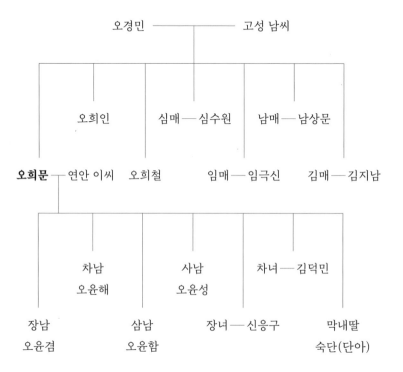

오경민 ——————— 고성 남씨

오희인   심매 — 심수원   남매 — 남상문

오희문 — 연안 이씨   오희철   임매 — 임극신   김매 — 김지남

차남   사남   차녀 — 김덕민
오윤해   오윤성

장남   삼남   장녀 — 신응구   막내딸
오윤겸   오윤함   숙단(단아)

『쇄미록』에 나오는 주요 지역

평강

철원

강화도

한양

광주 토당(역삼동)

수원(율전)

진위

태안

아산

직산(천안)

예산

홍주(홍성)

결성

정산

부여

이산(논산)

임천

영동

함열

무주

진안

장수

울산

태인

장성

용성부(남원)

진주

부산

광산(광주)

영암

순천

장흥

보성

차례

일러두기

1. 이 책은 국립진주박물관에서 2018년에 출판한 『쇄미록』한글 번역
   본(총 6권)과 한문 원문(총 2권)을 기초로 하였습니다.
2. 본문 곳곳에 있는 '○○의 목소리'는 역사적 사실을 바탕으로 창작한
   글입니다.
3. 장 제목과 소제목은 이야기의 재미를 더하기 위해 추가한 것입니다.
4. 이 책에 언급된 날짜는 모두 음력 날짜입니다.

나는 오희문이오

나, 오희문은 별로 내세울 게 없는 사람이다. 과거에 합격하여 높은 벼슬에 오른 것도, 학문이 깊고 덕이 있어 존경을 받는 것도 아니다. 그저 조상님 덕분에 홀어머니, 아내와 아들딸과 함께 노비를 거느리며 그럭저럭 살아가는 조선의 양반이다. 그러나 우리 집안인 해주 오씨는 공신 집안은 물론, 왕실과도 혼인으로 이어져 있으니, 행세깨나 하는 집안이라고 말할 수 있다. 나는 한 집안의 아들이자 형이며, 남편이자 아버지이고 신하이자 주인이다. 내 삶에 대해 말하기 위해서는 우리 집안을 빼놓을 수 없다. 따라서 가족들과 한솥밥을 먹었던 노비들을 소개해 본다.

나의 아버지(오경민, 1515~1575)는 문과에 합격하지는 못하셨지만, 장성 현감과 사헌부 감찰 등을 지내셨다. 아버지는 다정한 분이셨다. 우리 형제들이 지금도 늘 안부를 궁금해하며 서로를 도우려 하는 것은 아버지의 영향인 듯하다. 아버지를 사모하는 마음이 언제나 깊어, 아버지가 살아 계실 때 정성을 다해 봉양했고, 돌아가신 뒤에도 마치 살아 계신 듯 극진하게 제사를 지냈다.

어머니는 고성 남씨 집안 사람으로 아버지에 비하면 무덤덤한 편이지만 속정이 깊으시다. 어려운 일이 있어도 힘든 내색을 하지 않고 모든 것을 꿋꿋하게 참아 내셨다. 그렇지만 어머니는 조금이라도 마음이 편치 않으면 하루 종일 아무것도 드시지 못할 만큼 예민하신 분이다.

외할아버지는 일찍이 관직에서 물러나 충청도 영동으로 낙향하셨다. 아버지와 어머니가 혼인한 뒤 외할아버지 댁에서 사셨기 때문에 나도 영동에서 어린 시절을 보내면서 외가 식구들과 친하게 지냈다.

남동생 둘과 누이 넷

아버지와 어머니는 아들 셋과 딸 넷을 낳으셨다. 나는 첫째 아들로, 바로 아래 남동생 희인은 안타깝게도 28세에 생을 마감했다. 희인은 혼례를 올려 부인이 있었지만, 아들이 없어 나의 둘째 아들 윤해가 양자로 들어가 그 집안의 뒤를 이었다.

막내 남동생 희철은 늘 나와 함께했다. 희철은 나를 대신해 어머니를 모시기도 하고 제사도 지내면서 많은 일을 처리했다. 우리 형제는 과거에 합격하진 못했지만 괜찮은 집안의 자손으로 주변의 보살핌을 받으며 그다지 어렵지 않게 지냈다.

누이는 넷이다. 첫째 누이는 삼척 심씨 심수원에게 시집을 갔으나, 서른도 안 된 젊은 나이에 세상을 떠났다. 당시 열 살이었던 누이의 아들 심열은 외할머니인 우리 어머니 손에서 자라며 여러 해 동안 나에게 글을 배웠다. 아들 같은 조카 심열이 조상의 공덕으로 의금부 도사(의금부에서 죄인을 압송하고 형을 집행하는 관직)가 되었을 때는 온 집안 사람이 기뻐했다.

둘째 누이는 호남에서 행세깨나 하는 선산 임씨 집안의 자손 임극신과 혼인해 전라도 영암에서 살고 있다. 셋째 누이는 의령 남씨 남상문과 백년가약을 맺었다. 남상문은 성종 임금의 사위 남치원의 손자로, 천거를 통해 수령(관찰사, 절도사, 군수, 현감 등의 지방관을 통틀어 이르는 말)을 지냈다. 남상문의 집은 한양 흥인문(동대문) 밖 낙산 아래에 있었는데, 경관이 뛰어나 명나라 사람들에게까지 소문이 날 정도였다. 넷째 누이는 광산 김씨 김지남과 혼인하여 예산에 살고 있다.

이렇게 길게 누이들의 배우자 집안까지 늘어놓은 까닭은, 우리가 비록 떨어져 살아도 여전히 가족이라는 끈으로 이어져 있기 때문이다. 여행길에 밥을 얻어먹고 하룻밤을 묵거나 필요한 물품을 구하는 단순한 일부터, 관직을 구하거나 혼처를 찾는 등 어려운 일에 이르기까지, 사촌, 팔촌, 사돈 등에게 도움을 청하면 비교적 쉽게 많은 일을 해결할 수 있다.

아내와 자식들

다른 사람들과 마찬가지로 나 역시 우리 집안 어른들이 정해 준 배필과 혼례를 치렀다. 처가는 연안 이씨 명문 집안이다. 나는 혼인하고 37년 동안 처남 이빈의 집에 살았다. 한 지붕 아래서 그토록 오래 함께 살다 보니 처남과 나는 형제 이상의 관계가 되었다.

아내는 좋은 집안에서 어려움 없이 자랐다. 비록 몸은 약하지만, 아들 넷과 딸 셋을 낳고 동반자로서 든든하게 내 옆을 지켜 주고 있다.

네 아들 가운데 셋은 이미 혼인하여 일가를 이뤘다. 모두 대학자인 우계 성혼에게 배워 세상 돌아가는 사정도 조금은 안다. 가난하지만 자식만큼은 남들 못지않게 키웠으므로, 나의 아이들이 세상에 나가 이름을 떨칠 날을 기다리고 있다.

장남 윤겸은 내 나이 21세에 태어났다. 윤겸은 22세에 덕수 이씨 이응화의 딸과 혼례를 올리고 23세에 성혼 문하에 들어가 이듬해 사마시(생원과 진사를 뽑는 과거 시험)에 합격했다. 31세가 되어서는 전강(왕 앞에서 경서를 암송하는 시험)에서 장원을 차지해 세종대왕이 묻힌 영릉의 참봉(여러 관서에 두었던 말단 관직)으로 벼슬을 시작했다. 이듬해에는 광릉(세조의 무덤)의 봉선전 참봉을 맡았다.

둘째 아들 윤해는 내 아우 희인의 양자로 들어간 뒤, 희인이 일찍 죽어 그의 부인인 남원 양씨를 양어머니로 모시고 살았다. 윤해는 27세에 생원이 되었고, 수원 최씨 최형록의 딸과 혼인했다. 셋째 아들 윤함은 진주 강씨 강덕윤의 딸과 혼인해서 황해도 해주에서 살고 있다. 막내 윤성은 아직 혼례를 올리지 않은 어린아이다.

세 딸은 모두 성품이 훌륭하고 어른들을 대할 때도 부족함이 없다. 나는 그중 막내딸 단아를 유난히 아낀다. 손위 형제들에 비해 많이 어리기도 하지만, 하는 짓마다 사랑스러워 어찌나 귀여운지 모른다. 얼굴이 맑고 예쁜 것은 두말할 것도 없고 무엇보다 성품이 곱다. 내가 나갔다가 돌아오면, 맨 먼저 달려 나와 내 겉옷을 벗겨 주곤 한다. 단아는 주위 사람을 챙길 줄 알고, 좋은 것이 있으면 늘 양보하는 아이다. 우리 내외는 그런 단아를 애지중지하여, 언제나 내 이불 속에서 재운다. 단아가 잠시라도 안 보이면 눈에 아른거려 어디서든 보고 싶다.

남자 종과 여자 종

우리 집에는 아버지 해주 오씨 집안, 어머니 고성 남씨 집안, 아내 연안 이씨 집안에서 물려받은 노비들이 있다. 비록 노비들이긴 하지만, 어쨌거나 한솥밥을 먹는 이들이다. 노비들은 때로 아들보다 더 미덥게 일을 처리해 주기도 하고 우리 내외에게 딸들보다 더 살갑게 대해 주기도 하여, 늘 마음 한편에는 그들에 대한 고마움이 있다. 노비들이 없으면 나는 쉽사리 외출도 할 수 없고 밥도 제대로 먹을 수 없다. 겨울에는 불을 때기도 힘들어 차디찬 방구석에서 추위에 떨어야 할 것이다. 그래서 그저 종일 뿐이지만, 이들이 아프면 속상하고, 죽으면 안타까운 마음이다.

우리 집 노비라고 모두 한집에 사는 것은 아니다. 어떤 노비들은 각지에 흩어져 살고 있다. 한집에 사는 노비들과 우리 집 주변에 사는 노비들은 잔심부름이나 농사에 동원되니, 전국 각지에 흩어져 사는 노비들은 응당 매년 신공(주인과 따로 사는 노비가 매년 바치는 곡식 등의 현물)을 바쳐야 하건만, 제때 꼬박꼬박 보내는 노비는 거의 없다. 그러니 수확 철이 끝나면 한 번씩 길을 나서야 한다. 올해(1591)도 난 어김없이 이 신공을 받으러 길을 떠났다.

1

한양을 떠나다

동짓달, 길을 나서다

신묘년(1591) 11월 27일 새벽에 한양을 떠나 길을 나섰다. 집에서 나오자 눈이 내리기 시작했고, 이내 굵지 않은 눈발이 바람에 어지럽게 흩날렸다. 동짓달(11월)의 매서운 한기가 뼛속까지 파고들었지만, 다행히 솜을 두텁게 넣은 웃옷 덕분에 견딜 만했다. 말에 올라타 종들의 행색을 살폈다. 가는 도중에 먹을 끼니와 이부자리 등을 챙기다 보니, 말도 종들도 바리바리 짐을 져야 했다. '종놈들이 옷은 제대로 입었는지…' 평소엔 그들의 행색에 별 관심이 없었지만 먼 길 가는데 아프면 곤란하니 신경이 쓰였다.

수확 철이 지나면 으레 노비들에게 신공을 거두러 남쪽으로 길을 떠났다. 올해는 조금 늦었지만, 가는 길에 오랜만에 외가에도 들르고 영암에 사는 둘째 누이 집도 다녀올 생각이었다. 여정이 워낙 길어 중간에 전라도 장수에 사는 처남 이빈의 집에 묵었다 가기로 했다.

집을 떠난 지 13일 만에 처남이 수령으로 있는 전라도 장수에 도착했다. 내려가던 길에 충청도 직산(천안)에 있는 친구 변중진의 농장에서 하룻밤을 보냈다. 그가 부리던 남자종 엇동이 반갑게 맞아 주며 따뜻한 방을 내주어, 잠시나마 편히 쉴 수 있었다. 중진은 이미 세상을 떠났지만, 엇동은 내가 주인의 오랜 친구라는 이유로 나를 제 주인 대하듯 정성스럽게 대해 주었다. 그래서 떠나간 친구가 더욱 그리웠다.

장수에 도착해서는 오랜만에 처남을 만나 연일 밤늦게까지 회포를 풀었다. 며칠 뒤 처남에게 얻은 양식을 말에 실어 남자 종과 함께 한양으로 보냈고, 나는 처남의 집에 남아 설을 지냈다. 양식을 받은 한양의 가족들도 설을 잘 쇠었을 거라는 생각에 마음이 놓였다.

한양으로 보낸 종은 해가 바뀌고 20일이 지나 돌아왔다. 종에게 어머니께서 잘 계신다는 말을 전해 들으니 마음이 놓였다. 한양을 다녀온 말을 쉬게 할 겸 2월까지 장수에 머물다가 영동의 외갓집으로 향했다.

영동 외갓집에 가다

장수에서 영동의 둘째 외삼촌 댁까지는 무주를 거쳐 꼬박 이틀이 걸렸다. 외삼촌은 셋이었는데, 둘째 외삼촌만 살아 계신다. 어린 시절 외할머니 품에서 형제처럼 함께 자란 사촌 형제들을 오랜만에 다시 만나 무척 기뻤지만, 외삼촌이 몸이 심하게 부어 누워 계시니 즐거워할 수만은 없었다. 재회의 기쁨을 뒤로하고 외할아버지와 외삼촌들 산소를 찾아가 절을 하고 술을 올렸다. 어린 나를 도닥이며 키워 주신 그분들을 생각했다.

셋째 외삼촌이 서산 군수로 부임하셨을 때 나도 외할머니와 함께 그곳에서 생활했다. 그때 열한 살이었던 나는 열

여섯 살이 될 때까지 외가 어른들의 보살핌 아래 자랐다. 돌아보면 그들은 내가 기댈 수 있는 안식처였다. 그 은혜를 생각하니 눈시울이 붉어졌다. 병석에서 돌아가실 날을 기다리고 계시는 84세의 외삼촌을 뵈니, 어릴 적 고을을 호령하시던 쩌렁쩌렁한 목소리를 다시는 들을 수 없을 듯했다.

영암 둘째 누이의 후한 대접

외갓집과 외사촌 집에서 머문 지 어느덧 보름이 지났다. 다시 장수 처남네로 돌아와 채비를 갖춘 뒤, 임진년(1592) 3월 18일 아침에 남도 여행길에 올랐다. 남원, 순천, 보성, 장흥을 거쳐 11일 만에 영암의 구림에 도착했다.

둘째 누이가 맨발로 뛰어나와 나를 반갑게 맞았다. 나 역시 너무 반가워 기쁨의 눈물을 쏟았다. 호남에서 꽤 세력을 떨치는 선산 임씨 집안의 임극신에게 시집을 간 누이는 가족 중 가장 멀리 떨어져 살아서 자주 만날 수 없었다. 더욱이 오랜 객지 생활 끝에 만나서인지 그 기쁨이 무척 컸다.

영암에서 9일을 머무는 동안 각종 산해진미를 맛보며 낮이고 밤이고 술에 취해 있었다. 죽도로 놀러 가 고기잡이를 구경하고, 월출산 도갑사에 가서 두부를 만들어 먹으면서 즐겁게 놀았다. 덕분에 나도 종들도 배불리 먹고 좋은 구경을 했다. 떠나기 전날 누이는 소를 잡고 술과 음악을 준비해 잔치를 베풀었다. 노래도 부르고 춤도 추면서 그렇게 밤이 저물었다. 누이 못지않게 매부도 나를 반기는 마음이 있었기에 융숭한 대접을 받을 수 있었다. 이 누이만 남쪽 끝에 떨어져 지내니, 천 리 길에 언제 다시 만남을 기약할 수 있을지, 만남의 기쁨도 잠시, 누이와 나는 아무 말 없이 슬피 울며 작별했다.

여행 중 끼니

길을 나서면 잠자리와 먹거리를 구하기가 쉽지 않다. 특히 먼 거리를 갈 때는 말도 잘 먹이고 자주 쉬게 해 주어야 한다. 그래서 가는 길에 아는 사람 집에서 하룻밤 신세를 지는 것은 자연스러운 일이다. 만약 그의 사정이 여의치 않으면 그의 지인이나 노비의 집에서 묵는 것도 마다하지 않았다.

때때로 오랜 친구를 만나면 그곳에 며칠 동안 머물며 회포를 풀었다. 흔쾌히 머물 곳과 양식을 내어 준 그들에게 고마울 따름이었다. 낯선 고을을 지날 때면 아는 사람을 총동원하여 그곳 수령에게 미리 사람을 보내서 편의를 봐 달라고 요청했다. 그러면 수령은 관아에서 묵는 것을 허락하거나 내가 묵고 있는 곳으로 끼니를 보내 주었다. 떠날 때는 노자를 넉넉히 보태 주기도 했다. 노자는 대개 가는 길에 먹을 수 있는 끼닛거리 혹은 필요한 것과 바꿀 수 있는 곡식과 베 등이었다. 가져갈 수 있는 것이라면 무엇이든 없는 것보다는 나았다.

여행하는 동안에는 평소보다 자주 먹었다. 자릿조반(아침에 간단하게 먹는 죽이나 미음)은 대개 머무는 집이나 관아에서 마련해 주었다. 자릿조반을 먹고 조금 있다가 아침을 먹고 길을 떠나곤 했다.

점심때가 되면 말을 쉬게 하고 식사를 했다. 말이나 사람이나 무언가를 먹어야 오후 여정을 무리 없이 소화해 낼 수 있었다. 해가 지면 하룻밤 신세를 지게 된 집에서 마련해 준 저녁을 먹었다. 하지만 형편이 어려운 집에 머물게 되면 끼니를 청하기가 쉽지 않았는데, 그런 곳에서는 도리어 내가 가져간 노자로 함께 끼니를 해결하곤 했다.

어려운 살림살이에도 대부분은 먼 길을 온 나를 조금이라도 돕고자 하며 따뜻하게 맞아 주었다. 그러나 미리 기별을 보냈음에도 바쁘다고 핑계를 대거나 외면하는 사람들이 있으면, 서운한 마음에 그들에 대해 이러쿵저러쿵 험담을 늘어놓았다. 하지만 내가 왔다는 소식을 듣고 일부러 찾아와 안부를 묻고 반가운 마음을 표현하는 사람들도 많았다. 그들 덕분에 고달픈 길 위의 생활 중에도 위로를 받을 수 있었다.

외가의 노비를 다시 나누다

이번에 외갓집에 갔을 때는 외가의 노비들을 다시 나누었다. 진작에 출가해서 우리 집안의 사람이 된 어머니에게도 외갓집 재산인 노비 가운데 어머니 몫이 있었으니, 인수라는 이름의 남자 종과 그의 오촌 조카딸이다. 그동안 분배가 잘 못되어 외사촌들에게 가 있었는데 이제야 제대로 받게 되었다. 앞으로 이들에게서 신공을 거두면 형편이 조금 나아지지 않을까 기대해 본다.

영동 외갓집에 머무는 동안에는 경상도 성산으로, 영암 둘째 누이 집에 묵었을 때는 장흥과 강진으로 남자 종을 보내 노비들의 신공을 거두었다. 장흥 수령은 내가 잘 아는 사람이라, 그의 힘을 빌려 신공을 바치지 않은 노비를 잡아 오게 하기도 했다. 붙잡혀 온 종놈은 형편이 어려워서 그랬다는 말만 되풀이했다. 매질도 하였으나, 더 엄하게 다스리면 죽을까 봐 풀어 주었다. 이런 일도 제대로 처리하지 못하는 나 자신이 못마땅했지만, 이것은 모질지 못한 성품 탓이다. 그러나 저들도 살려고 발버둥치는 것이라고 생각하면 차마 어찌할 수 없었다.

하루는 몇 해 전 도망친 남자 종 덕수가 내가 영동에 왔다는 소문을 들었는지 제 발로 찾아왔다. 덕수는 도망쳐서 관아의 병영에 들어갔는데, 일이 너무 고되어 차라리 나한테 다시 돌아오고 싶다고 말했다.

장수에서 전쟁 소식을 듣다

2월 10일 장수에서 출발해 영동 외갓집에 들렀다. 영암에서 둘째 누이를 보고 4월 13일에 장수로 돌아왔다. 꼬박 두 달이 걸렸다. 장수 처남 집으로 돌아온 그날에 왜놈들이 부산에 쳐들어와서 부산과 동래가 함락되었다고 한다. 나는 이 소식을 사흘 뒤에야 들었다. 집을 떠난 지 벌써 다섯 달이나 되어 집에 가고 싶은 마음이 굴뚝같았는데 전쟁이 터졌다니, 이 무슨 청천벽력인가 싶었다.

그깟 왜놈들이 뭐가 무서우랴! 어느 정도 지나면 진정될 거라고 생각했는데, 전쟁 상황이 심상치 않았다. 왜놈들이 배를 수백 척 거느리고 쳐들어왔다고는 하지만, 설마 한양을 향해 밀고 올라갈 줄은 몰랐다. 그렇게 믿었던 신립 장군은 충주 탄금대에서 무너져 버렸다고 한다.

전쟁이 일어난 지 6일째에 남자 종 둘과 말을 한양으로 보냈다. 원래대로라면 아버지 제삿날에 맞춰 물건도 보내 줘야 했지만, 어머니와 처자식의 피란이 우선이었다. 종들이 무사히 한양까지 갈 수 있을지, 설사 한양까지 가더라도 노모와 처자식이 한양에 그대로 있을지는 모를 일이었다.

며칠 뒤 아버지의 기일에 처남 이빈이 제사상을 차려 주었다. 장수에서 아버지께 제사를 지낼 수 있어 다행스러웠지만, 떠돌고 있을 가족을 생각하니 마음이 편치 않았다.

이빈의 목소리

전쟁이 터졌으니, 이 일을 어찌하나

나는 전라도 장수의 현감(현을 다스리는 우두머리)이다. 매부인 오희문은 혼례 후 한양의 우리 집에서 처가살이를 했다. 매부와 한집에서 더불어 산 세월이 37년이다. 함께한 세월이 이리도 기니, 내가 장수 현감이 되어 떨어져 살면서도 늘 그의 소식이 궁금하고 그리웠다. 그러던 차에 매부가 눈발 날리는 추운 겨울에 장수에 왔다. 설날을 우리 집에서 보내고 다시 신공을 걷으러 길을 떠나 4월 13일 장수로 돌아왔다. 그날, 왜군들이 물밀 듯이 쳐들어왔다. 부산과 동래가 함락되고 순식간에 한양을 거쳐 평양, 의주까지 적의 손에 들어갔다. 주상께서도 한양을 버리고 북으로 가셨다. 그 소식을 듣고 죽을힘을 다해 싸우던 군사들이 해산했다고 한다.

왜군은 20만 명에 가까운 대군이었다. 그들은 철저히 준비하고 와서 빠른 속도로 나아갔다. 우리도 어느 정도 준비를 하긴 했으나, 그렇게 많은 군사가 쳐들어올 것이라고는 상상하지 못했다. 그러니 시간을 벌어야 한다. 갑작스런 침략이긴 하나, 이렇게 속수무책으로 당하다니 그저 원통할 뿐이다. 당장이라도 왜군이 있는 곳으로 달려가 싸우고 싶지만, 내 고을을 버리고 떠날 수는 없다.

주상께서 도성을 빠져나간 것은 아마도 후일을 기약하기 위함이라고 생각한다. 주상께서 도성에서 죽었다면 이 나라는 벌써 왜놈들의 나라가 되었을지도 모른다. 주상께서는 분명 목숨을 잘 보전하셔서 반드시 반격의 그날을 도모해 주시리라. 조선은 그저 아무 일도 못한 채 당하고만 있지 않을 것이다. 전국에서 의병들이 일어나 위기에 빠진 나라를 구할 것이고 우왕좌왕하는 조정도 정신을 차릴 것이다. 그때까지 나는 조선의 관료이자 장수의 현감으로서 우리 고을을 지켜 내야만 한다.

조선시대의 연도 표기법

임진왜란은 임진년(1592)에 왜군이 일으킨 전쟁을 의미한다. 병자호란도 병자년(1636)에 청나라가 쳐들어왔기 때문에 붙은 이름이다. 이렇듯 조선은 숫자가 아닌 '임진', '병자' 등 육십갑자를 사용해 연도를 표기했다.

육십갑자란 하늘의 기운을 뜻하는 10개의 천간과 땅의 기운을 뜻하는 12개의 지지를 조합한 60개의 갑자를 말한다. 다음의 표에 나온 천간과 지지를 하나씩 차례대로 합치면 '갑자', '을축' (…) '계유', '갑술', '을해', '병자' (…) 순으로 쓸 수 있다. 그렇게 60회가 지나면 갑자가 다시 처음부터 반복된다. 61세를 의미하는 '환갑' 또는 '회갑'은 처음의 갑자가 돌아왔다는 의미이다.

육십갑자의 앞부분인 천간은 2개씩 짝지어 색깔과 연결되어 있다. 뒷부분인 지지도 각각 상징하는 동물이 있어, 육십갑자로 표기된 연도를 보면 그 해를 상징하는 색깔과 동

천간	색
갑甲	파랑
을乙	
병丙	빨강
정丁	
무戊	노랑
기己	
경庚	하양
신辛	
임壬	검정
계癸	

지지	띠
자子	쥐
축丑	소
인寅	호랑이
묘卯	토끼
진辰	용
사巳	뱀
오午	말
미未	양
신申	원숭이
유酉	닭
술戌	개
해亥	돼지

물을 알 수 있다. 이를 통해 오늘날에도 언론이나 광고 등에 서는 한 해를 '검은 토끼의 해'나 '푸른 용의 해'라고 이름 짓 곤 한다.

2

고통스러운
전쟁의 나날

섬뜩한 칼자국

전쟁 소식은 여기저기에서 끊임없이 들려왔다. 관아에서 일하는 사람들, 왜적을 피해 도망 다니는 사람들, 오가는 사람들, 편지 등을 통해 소식을 들었다. 그중에는 실제 경험담도 있었지만, 소문에 또 다른 소문이 더해져 눈덩이처럼 불어난 놀라운 이야기도 있었다.

장수의 현감인 처남은 의병을 거느리고 진안으로 나가 왜적들과 맞서 싸울 준비를 한다고 했다. 싸우는 장면이나 무장한 왜놈들을 직접 본 적이 없는 나로서는 전쟁이 실감나지 않았다. 그런데 처남의 집에 갔다가, 적을 피해 가까스로 피란 온 사람을 만났다. 그의 목에 그어진 칼자국을 본 순간 섬뜩함을 느끼며 왜놈들이 아주 가까이에 있다는 사실을 실감했다. 피란 온 사람들은 하나같이 적들의 기세가 대단하다고 말했다. 상황이 이렇다 보니 인심도 더 흉흉해져 관아 사람들도 피란 갈 생각을 하기 시작했다.

산속에서의 피란 생활

왜놈들이 다가오고 있다는 소식에 장수 관아 사람들과 피란 계획을 세웠다. 말로만 전해 들었을 뿐, 난생처음 겪는 전쟁에 피란을 가려니 우왕좌왕할 수밖에 없었다. 급한 대로 중요한 물건만 몸에 지니고 나머지는 관아 안팎에 묻어 두었다. 전쟁이 시작된 지 두 달 뒤인 6월 26일, 처남의 식구들과 친척들, 종들을 합쳐 약 스무 명이 산속에 있는 절로 피란을 갔다. 전쟁이 길어질 수도 있어 말안장과 옷 보따리는 산속 절 동쪽 바위틈에 숨기고 양식은 골짜기 돌 틈에 나누어 두었으며, 쌀도 절 뒷간 공터에 감추었다.

불안한 마음으로 절에 머물다가 현의 경계까지 왜적들이 들어와 마을을 분탕질했다는 말을 전해 듣고 더 깊은 골짜기로 들어갔다. 열 걸음에 아홉 번을 자빠지고, 가다 쉬기를 수차례 하면서 겨우 고개 위에 올랐다. 생각 같아서는 적들이 절대 오지 못할 만 길 높이의 지리산 천왕봉으로 들어가고 싶었지만, 이 정도 산도 제대로 오르기 어려우니 가능한 일이 아니었다.

간신히 서로 부축하며 가던 중에 산 중턱에 못 미쳐 높고 우뚝한 바위가 나타났다. 바위 아래 틈에서 물이 흘러나왔다. 옛날에 암자가 있던 곳인데, 그 터가 아직도 남아 있었다. 바위 아래에 풀과 나무를 얽어 지붕을 만들고 자리를 깔아 거처를 마련했다.

산속에 계속 머물며 바위 아래에서 잤다. 종일 시냇가 바위 위에 쪼그려 앉아 있으려니 허리 아래에 찬 기운이 돌았다. 산이 높고 골짜기가 깊어 냉기가 살 속으로 파고들었다. 하루는 이 냉기 때문에 하혈까지 했다. 이에 남자 종을 보내 바위틈에 숨겨 둔 옷을 가져오게 하여 입으니, 그나마 낫게 느껴졌다.

비 오는 날의 고통은 이루 다 말할 수 없을 정도였지만, 맑은 날에는 산나물을 뜯어다가 삶아서 밥에 싸 먹기도 했다. 길가에 난 인삼을 손수 채취하거나 종들에게 나무를 짊어지고 오게 해서 나무에서 자라는 버섯을 구경하기도 했다. 가끔은 관아에서 소의 앞·뒷다리와 꿀을 보내와서 밥맛을 돋우었다. 그러나 가뭄으로 바위샘이 말랐을 땐 아침저녁으로 쌀을 지고 몇 리 밖으로 나가 밥을 지어 와야 했다.

꿈속에서 만난 가족

막상 전쟁이 터졌다고는 해도 먼 지역의 이야기라고만 생각했다. 그러나 왜놈들은 세 방향으로 군대를 나누어 마치 마른 산에 불이 번지듯 진격해 오더니, 5월 2일에 한양을 점령했다. 전쟁이 시작된 지 20일 만이다. 주상께서는 4월 30일에 도성을 빠져나가 피란길에 오르셨다. 도성이 적의 수중에 들어갔으니 피란하지 않은 한양 사람들은 분명 무사하지 못할 것이다. 별의별 소문이 다 들려왔다. 왜놈들이 도성에 들어가 사방을 약탈한다고 하는데, 이 난리 통에 늙은 어머니와 아내, 딸들이 어찌 되었는지 소식을 듣지 못했다.

전쟁이 일어났다는 소식을 듣고 한양이 함락되기 전에 빠져나와 4월 30일 장수에 도착한 사람이 어머니와 아내의 편지를 전했다. 지난 4월 20일에 쓴 편지였다. 어머니는 당신의 고생보다는 내가 떠도는 일을 염려하셨다. 두 통의 편지를 읽자니 창자가 갈기갈기 찢기는 듯하여 눈물만 흘렸다. 정성이 지극하면 하늘도 감동할 거라 생각하며 천지신명께 밤낮으로 기도를 드렸다.

꿈도 현실을 반영하는가 보다. 그동안 꿈에서 아내를 여섯 번이나 보았지만 어머니는 좀처럼 나타나지 않으셨다. 그러다 드디어 꿈에서 어머니를 뵈었다. 잠에서 깬 뒤에도 어머니의 얼굴이 또렷이 기억나고 실제로 뵌 것처럼 가슴이 미어져 나도 모르게 눈물이 줄줄 흘렀다.

어느 날 꿈에서는 어린아이가 나타나 내 무릎 위에서 숨을 거두었다. 꿈속에서 대성통곡하다가 깼는데, 이 꿈이 마치 처자식이 떠돌다가 도랑이나 골짜기에 빠져 죽을 징조

같았다. 그래서 불안하고 두려운 마음에 꿈속에서 만난 가족들의 표정과 말 한마디 한마디가 무슨 징조일지 몇 번을 곱씹었다.

고성 남씨의 목소리

아들아, 제발 살아만 있으렴

갑자기 왜놈들이 쳐들어와 75세에 생각지도 못한 피란을 가게 되었다. 그런 와중에도 지난겨울 남쪽으로 신공을 받으러 떠난 아비가 걱정되어 밥도 잘 넘어가지 않는다.

왜놈들이 부산으로 들어와 한양을 향해 빠르게 올라왔지만, 내가 편지를 쓴 4월 20일까지 아비에게는 별다른 소식이 없었다. 그러다 30일에 주상께서 종묘를 버리고 피란길에 오르셨다는 소식을 들었다. 5월 2일에는 왜적들이 한양으로 들어와 도성 사람들이 앞다투어 성문을 빠져 나갔다. 나도 간단하게 짐을 꾸려 셋째 아들 희철네 가족과 외손자 심열을 따라 경기도 고양으로 도망갔다. 아비네 처자식들은 강원도로 간다고 했다. 나는 희철과 심열이 잘 돌봐 주어 피란 생활 중에도 그나마 괜찮지만, 아비는 어떻게 보내고 있을지 애만 탔다. 아비가 죽는다면 하늘이 무너질 것이다.

7월 25일, 아비의 생일에는 이 난리 통에 미역국도 못 얻어먹었을 아비를 생각했다. 아비가 태어난 날, 첫아들의 출생은 온 집안의 경사였다. 갓 태어난 아이가 어찌 그리 훤칠하던지, 세상을 다 얻은 듯했다. 아비는 과거에 합격해 관직에 나가지는 못했지만, 야무지게 집안을 살피는 가장으로 잘 살았다. 좋은 음식이 있으면 늘 나에게 주려고 했고, 내가 아프기라도 하면 지극정성으로 살뜰히 챙겨 주었다. 유일한 흠이라고는 정에 약하다는 것뿐이었다.

아비가 장수 현감의 보살핌 속에 있다고 하지만, 온 천지가 왜적의 손에 있으니 어디에서도 안전을 장담할 수 없다. 아비에게 변고가 생긴다면 나는 어떻게 살아갈까? 도성을 빠져나오기 전에 어미와 함께 보낸 편지가 아비에게 잘 도착했을까? 아비도 나와 처자식 생각에 수없이 눈물 흘렸겠지. 보고 싶다, 우리 아들. 무슨 일이 있더라도 꼭 다시 만날 것이다.

개나 돼지만도 못한 놈들

전쟁으로 목숨이 왔다 갔다 하는 절박한 상황인데도 오히려 전쟁이 일어나길 잘했다고 생각하는 사람들이 있다는 이야기를 들었다. 말도 안 된다고 생각하면서도, 한편으로는 오죽했으면 그러나 싶기도 했다. 나라를 다스리는 사람들에게는 백성의 마음을 얻는 것이 무엇보다 중요하다.

경상도 관찰사가 지난해 초부터 올봄까지 성을 쌓으면서 바쁜 농사철에 백성을 동원해 원성이 자자했다. 게다가 경상도 병마절도사(지방의 군대를 지휘하는 관직)는 군대의 위엄을 세우기 위해 형벌을 엄하게 한답시고 많은 사람에게 매질을 했다. 이런 이유로 왜놈들이 침입한 뒤로 영남 사람 중에는 그들에게 빌붙어 길을 안내하는 자들은 물론이고, 패거리를 만들어 왜놈 말을 하며 민가에 난입해 약탈하는 자들도 있었다.

심지어 아예 적과 내통한 중놈도 있었는데, 이 중놈은 왜놈을 이끌고 산속까지 가서 숨어 있던 백성을 살해하고 재물을 노략질하는 등 왜놈보다 더 흉악했다. 그놈이 얼마나 사악했으면 왜적 서른 명을 죽이는 것보다 이 중놈 하나를 죽이는 게 더 낫다고들 했겠는가? 결국 그 중놈이 잡혔다는 소식을 들었을 때는 속이 뻥 뚫리는 듯했다.

사람이 개나 돼지보다 나은 이유는 사람의 도리를 해서다. 군군신신부부자자君君臣臣父父子子라는 말이 있다. 임금은 임금답고 신하는 신하답고 아버지는 아버지답고 아들은 아들다워야 한다는 말이다. 이런 전쟁 통에는 사람의 됨됨이를 더 잘 알 수 있다. 난리가 터져 임금이 도성을 버리고 의주로 떠났다고 해서 신하들이 임금을 끝까지 지키지 않고 모두 도망가 버렸다면, 스스로 신하의 자리를 박탈해야 할 일이다. 평소 글을 읽을 적에는 군자인 척하다가 위기에 처한 이때에 각자 살려고 도망쳐서 임금을 헌신짝 버리듯 하니, 개돼지 같은 놈을 꾸짖어 무엇 하겠는가?

한목숨 기꺼이 바쳐 나라를 지키고

임금이 도성을 빠져나가니 장수들은 싸울 의욕을 잃었

고, 병사들은 모두 도망갔다고 한다. 날마다 전해 듣는 소식에 애만 태울 뿐, 늙고 쇠약해서 나가 싸우지도 못하고 그저 떠도는 처지인 나는 한탄만 할 뿐이었다. 그래도 의로운 사람들이 바람 앞의 등불 같은 나라를 구하기 위해 나섰다. 곳곳에서 의병 소식이 들렸다.

임금이 피란을 떠나고 병사들이 패했다는 소식이 들려오자, 이곳 전라도에서도 의병들이 들고일어났다. 모두 평소 글만 읽고 무기를 잡아 본 적 없는 양반들인데, 남자 종들을 데리고 자진해서 길을 나섰다고 한다. 그들은 위기에 처한 나라를 가만히 지켜보기만 할 수 없었기에 죽음을 각오하며 한양으로 향한 것이리라.

나는 노쇠해 엄두도 내지 못했지만, 알고 보면 의병에 참여한 고경명 선생은 나보다 여섯 살, 김천일 선생은 두 살, 최경회 선생은 일곱 살이나 위다. 그러니 나이가 많아서 전쟁터에 나가지 못한다는 것은 말이 안 되는 변명이다. 사실은 전쟁터에 나갈 엄두가 나지 않았을 뿐이다. 나와 달리 용기를 낸 의병들은 그야말로 나라를 구하겠다는 일념으로 마음을 모은 사람들이다. 그러나 그들의 좋은 뜻도 자신의 목숨을 살릴 수는 없었나 보다. 고경명과 그의 아들 고인후가 모두 금산에서 적과 싸우다 죽었단다. 아버지는 충성을 바치고 아들은 효도하다 죽었으니 '충'과 '효'가 참으로 아름답다. 사람이라면 누구나 죽기 마련이지만 죽을 자리를 제대로 찾기는 어려운 일이다.

머리를 베는 자, 공을 세운 자

전쟁에서는 뭐니 뭐니 해도 적군의 머리를 베는 것이 제일이다. 전쟁이 계속되자 조정에서는 공을 세울 것을 권장하려고 포상 제도를 마련하여, 적군의 머리를 벤 자들에게 벼슬을 내리거나 큰 상을 주었다. 아군과 적군 모두 상대의 머리를 얼마나 많이 획득했느냐를 승리의 관건이라 여겨서 장수들과 병사들이 앞다투어 적의 머리를 얻고자 했다. 이에 죽은 사람의 머리를 뺏기지 않으려고 죽은 사람을 들쳐업거나 들것에 싣고 가기까지 했다고 하니, 다들 대단하다.

적군의 머리를 가져온 장수가 환대받았다는 이야기는 군

의 사기를 높이거나 위용을 과시할 때도 종종 사용되었다. 이런 이야기도 있었다. 어느 날엔가 적의 동태를 살피던 병사 하나가 왜적이 한밤중에 대변보는 걸 발견하고 활을 쏘아 쓰러뜨렸다. 그 후 그의 머리를 베어 돌아왔더니, 의병장 최경회가 크게 기뻐하며 십 리 밖에서부터 군악대를 보내 그 병사를 맞이했다는 것이다. 하지만 영남의 곽재우는 용감한 무사 네 명만을 데리고 적선을 세 척이나 쫓아냈고, 이후에도 열세 명을 거느리고 적선을 열한 척이나 달아나게 만들었으며, 무수히 많은 적의 머리를 베었지만, 이를 전혀 공으로 여기지 않았다고 한다. 나는 이것이 더 대단하다고 생각했다.

앞다투어 적군의 머리를 베어 전공을 세우려 하다 보니 때로는 어처구니없는 일도 일어났다. 어떤 의병이 적을 활로 쏘아 죽인 뒤 그 머리를 베어 와 바쳤으나, 알고 보니 왜놈의 머리가 아니라 목화를 따다가 적에게 살해되어 버려진 무주 백성의 머리였다고 한다. 머리털만 제거해서 마치 왜놈의 머리처럼 보이게 한 거라는데, 정말 어처구니가 없었다.

구세주 같은 명군의 소식

주상께서 살아 계시니 분명 나라를 되찾으려고 애쓰실 것이라고 생각했는데, 얼마 전에 정말로 명나라가 대군을 이끌고 압록강을 건넜다는 소식이 들려왔다. 이제야 살 길이 보이는 듯했다. 하늘이 무심하지 않으니, 조금만 참으면 꿈에 그리던 가족을 만날 수 있으리라는 기대에 마음이 놓였다.

평안도에서는 사기가 오를 대로 오른 병사들이 구름처럼 모여드는데, 그 수가 자그마치 하루에 백 명이 넘었다는 글을 읽었다. 이대로라면 이제 왜적을 물리치는 것도 시간문제인 듯싶었다.

그런데 새로 들려오는 소식에 따르면 명군이 압록강을 건너 평양성을 공격한 것은 사실이지만, 소문처럼 모든 전투에서 승리한 것은 아니란다. 왜놈들이 쉬운 상대가 아니라는 사실을 명군도 알게 된 모양이다. 이제는 날도 차츰 추워지는데, 이러다가는 적의 칼날이 아닌 굶주림과 추위에 죽게 생겼다.

이 난리에 누가 죽고 누가 살았는가

전쟁이 터지고 나서 산속으로 들어가 86일을 보내고 장수 관아로 돌아왔다. 날이 추워지면서 얼음도 얼고 한기가 살 속을 파고들어서 아무리 두꺼운 옷을 껴입어도 추위가 가시지 않았다. 전쟁으로 죽은 사람 소식이 하루가 멀다 하고 들려왔다. 잘못된 소식도 많았지만, 알고 지내던 사람이 죽었다는 소식은 그냥 흘려들을 수 없었다.

영동에 사는 외사촌들 소식도 들려왔다. 문중의 제일 큰형이 집안사람들을 데리고 깊은 산속으로 들어갔는데, 적들이 거기까지 쳐들어와서 발각되는 바람에 모두 죽었다고 한다. 삶과 죽음, 좋은 일과 나쁜 일을 미리 계획할 수도, 미루어 알 수도 없다지만, 한집안이 이렇게 다 죽임을 당했으니 통곡할 일이다.

전쟁으로 죽거나 병으로 죽은 사람들 소식만 듣다가, 누군가가 어딘가에 살아 있다는 소식이 간혹 들려오면 그렇게 기쁠 수가 없었다. 가족과 친척이 동서로 흩어졌지만, 그래도 아직 화를 면하고 있다 하니 불행 중 다행이지 싶었다.

20일 만에 한양이 점령되다

1592년 4월 13일에 부산을 침략한 왜군이 5월 2일 한양을 점령했다. 부산에서 한양까지는 400km가 넘으며, 당시에는 지금처럼 길이 잘 닦여 있지도 않았다. 그럼에도 왜군은 단 20일 만에 한양을 점령했다. 이토록 빠른 진격이 어떻게 가능했을까?

먼저 조선은 왜군의 조선 침공에 대한 정확한 정보가 없었다. 왜군이 침략할 수도 있다는 사실은 알고 있었지만, 20만에 가까운 대군이 쳐들어오리라고는 전혀 예상하지 못했다. 조정에서도 예상 밖의 상황에 제대로 대처하지 못했으며, 오랫동안 전쟁을 치르지 않았기 때문에 전쟁을 지휘하며 왜군을 막아낼 만한 능력을 갖춘 장수와 재상도 부족했다. 전쟁 소식을 듣고 목숨을 걸고 싸우러 나선 장수나 병사들이 없었던 것은 아니나, 왕이 한양을 버리고 피란했다는 소식이 이들의 의지를 크게 약화시켰다. 실제로 전라도 관찰사(도를 다스리는 관리) 이광은 임금을 지키고자 군대를 이끌고 한양으로 나아갔지만, 임금이 도성을 버렸다는 소식을 듣고 군대를 해산시켰다. 이러한 이유로 조선은 밀려오는 왜군에게 제대로 저항하지 못했고, 그 결과 많은 사람이 죽거나 다쳤다.

반면 왜군은 100여 년 동안의 전국시대를 거치면서 실전에 단련되어 있었다. 또한 첨단 무기인 조총을 내세우며 효율적인 보병 전술을 구사하였다. 격발 장치(총 내부에서 총알을 밖으로 쏘는 장치)가 있어 일제 사격이 가능한 조총에 조선군은 속수무책으로 당할 수밖에 없었다.

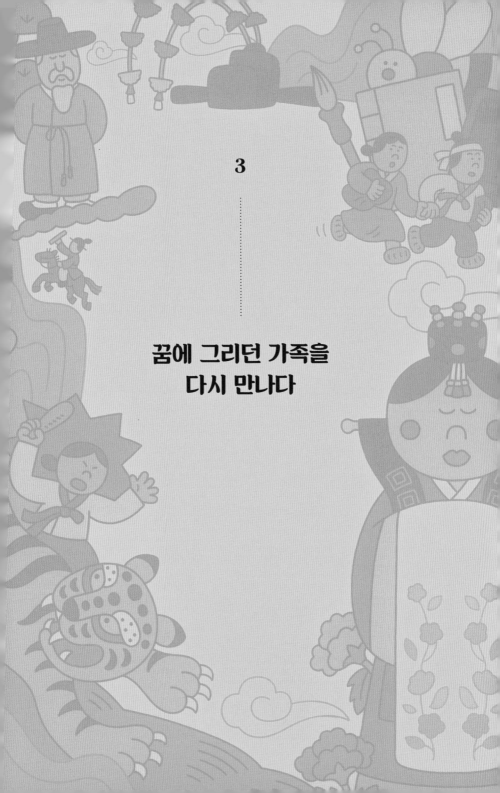

3

꿈에 그리던 가족을
다시 만나다

드디어 가족을 만나다

임진년(1592) 9월, 전쟁이 일어난 지 다섯 달이 지나도록 가족의 소식도 모른 채 지냈다. 그러던 중 9월 27일에 남자 종 송이가 아내의 편지를 가져왔다. 아내의 글을 읽다니 꿈만 같았다. 아내와 자식들은 굶주린 채 강원도를 떠돌며 온갖 고생을 한 뒤 충청도 넷째 누이네에 이르렀다고 한다. 어머니는 아우 희철과 경기도 고양에 있는 조카 심열의 집으로 가셨다고 적혀 있었다. 황해도에 사는 셋째 아들 윤함의 생사도 궁금했는데, 처자식과 함께 섬으로 피신해서 무사하다고 하니 참으로 다행이었다.

며칠 뒤 송이를 데리고 짐을 꾸렸다. 10월 눈 내리는 날, 처남 이빈과 작별 인사를 나누고 아내와 자식들이 있다는 충청도 홍주(홍성)로 향했다. 10월 13일에 드디어 아내와 자식들을 만났다. 둘러앉아 서로 그간 겪은 고초를 이야기하다 보니, 나도 모르게 눈물이 흘렀다. 마침내 처자식은 만났지만, 여전히 어머니와 아우, 조카의 생사는 알지 못했다. 처자식을 만난 기쁨도 잠시, 마음 한쪽이 텅 빈 듯했다.

어머니 소식에 목말라하던 중, 11월 29일에 드디어 어머니 소식을 듣게 되었다. 어머니는 고양에서 강화도로 옮겨 무사히 잘 계신다고 한다. 어머니 소식을 들은 그날, 처남 이빈이 죽었다는 소식도 들었다. 기쁨과 슬픔이 교차하는 날이었다. 큰아들 윤겸에게서 처남이 추위에 몸이 상해 위중하다고 듣기는 했지만, 이리도 갑자기 세상을 뜰 줄은 몰랐다. 그저 놀랍고 황망하며 가슴이 먹먹했다. 슬픔은 슬픔대로, 기쁨은 기쁨대로 맞을 수밖에 없었다.

얼마 지나지 않아 아우 희철과 조카 심열, 희철의 장인도 모두 무사히 강화도에 있다가 배를 타고 호남으로 갔고, 어머니는 영암 둘째 누이 집으로 가셨다는 소식을 들었다. 서둘러 어머니를 모시러 갈 준비를 했다. 우리 모자와 형제가 떠돌면서 생사를 모르고 지낸 지 일곱 달이 넘었다. 처남이 세상을 떠났음에도, 곧 어머니를 만나게 된다고 생각하니 기쁜 마음이 드는 것은 어찌할 수 없었다.

12월 13일에 그토록 기다리던 희철이 왔다. 어머니가 태안에 계신다고 하기에, 다음 날 바로 남자 종과 말을 끌고 희철과 함께 태안으로 향했다. 사흘 뒤 태안에 도착해 어머니를 뵈었다. 어머니는 나를 보자 소리 내어 우시면서 "오늘 다시 살아서 만날 줄 몰랐구나"라고 말씀하셨다. 나도 양 소매가 다 젖을 정도로 울었다.

12월 24일, 어머니를 모시고 홍주 집에 도착하던 날 새벽에 큰며느리가 딸아이를 낳았다. 전에 아들 둘을 낳았으나 모두 잃고 연이어 넷째 딸을 낳은 것이다. 아들을 바랐던 터라 모두 서운해했지만, 무사히 출산한 것만으로도 다행이었다.

이듬해 설날에는 모진 고생을 견딘 후 천만다행으로 어머니와 아우, 아내, 자식들이 다 모여서 설을 쇠었다. 그저 감사할 뿐이었다.

손발이 되어 준 남자 종과 여자 종

내 손발이 되어 준 남자 종은 막정, 송이, 덕노다. 막정은 일을 하는 데 조금이라도 지체하거나 다른 사람을 속이는 법이 없었다. 본래 평양에 살았는데, 열네 살 때 붙잡아 와서 심부름을 시킨 지 37년이나 되었다. 송이는 임진년 난리에, 내가 처자식의 생사도 모른 채 장수에 있을 때 처자식의 안부 편지를 전해 시름을 덜어 주었다. 하지만 잔꾀를 부리고 병을 핑계로 농사일도 열심히 하지 않았다.

황해도에서 온 덕노는 화를 자주 냈는데, 심지어 제 어미에게도 마구 대들며 욕을 하곤 했다. 그럴 때마다 엄하게 꾸짖었지만 고쳐지지 않아, 그를 묶어 놓고 큰 몽둥이로 때린 적도 있었다. 덕노는 오래전에 처가 전염병에 걸려 죽자, 의지할 곳이 없어 떠돌이 생활을 했다. 장사하면서 옮겨 다닐 때는 도처에서 상전의 물건을 훔쳤고, 황해도에 사는 남자 종들의 신공을 받아서 사사로이 쓰고는 도망가서 모습을 보이지 않곤 했다. 그런 덕노가 우리 집에 온 뒤로는 매사에 비교적 성실히 임했다.

여자 종 강춘과 열금은 주로 아내와 함께 길쌈, 양잠, 부엌일 등을 했다. 강춘은 어려서부터 우리 집안에서 자랐는데, 전쟁이 일어나자 피란을 갔다가 용인에서 제 아이와 함께 포로로 잡혔다. 그곳에서 아이는 죽고 혼자 겨우 도망쳐 나왔다. 강춘은 난리가 난 이듬해에 우리가 홍주에 와 있다는 소식을 듣고 우리 집을 찾아왔다.

병에 걸려 잠시 가족과 헤어져서

병이 나서 아예 몸져누웠다. 전쟁이 터지고 헤어진 가족이 걱정되어 늘 잠도 제대로 자지 못하고, 차갑고 습한 산속에서 하혈까지 하면서 지내다가 가족을 만나니 긴장이 풀어진 탓이었을 게다. 더구나 새해 들어 감기에 걸렸는데, 조금 차도가 있자 눈을 맞으며 바람과 추위를 뚫고 성안에 다녀오는 바람에 탈이 난 듯했다.

계사년(1593) 1월 10일부터 속머리가 지끈지끈하고 사지에 맥이 풀리더니 병세가 날로 악화됐다. 허리 통증도 심해

지더니, 결국에는 인사불성이 되었다. 한 달이 훨씬 지난 2월 24일에야 조금 나았고, 27일에 흰죽을 먹기 시작해 3월 초부터 밥을 먹게 되었다. 열흘 후 상태가 눈에 띄게 좋아져 식사량을 조금씩 늘렸다. 보름 후에는 지팡이를 짚고 방 안에서 걸음을 뗄 수 있었다.

내가 병에 걸리자 가족들도 전염되어 하나둘 앓기 시작했다. 설상가상으로 홍역까지 번져 둘째 아들 윤해네 가족, 막내딸 단아, 남자 종과 여자 종 네 명, 이렇게 아홉 명이 함께 앓았다. 더 전염되는 것을 막기 위해 아우 희철이 어머니와 넷째 아들 윤성을 데리고 영암 둘째 누이네로 갔다. 나는 큰딸과 큰아들 윤겸 내외와 함께 어머니가 계시던 집으로 옮겼다. 아내는 막내딸 단아를 간호하느라 집에 남았다. 다들 고통스러워하다가 회복되었는데, 나는 꼬박 45일 동안 앓았다. 그사이에 황해도에 사는 셋째 아들 윤함이 갑자기 우리 집에 찾아왔다. 내가 병으로 죽었다는 말을 듣고 곧바로 달려오다가, 강화도쯤 왔을 때 헛소문임을 알았다고 한다. 오죽했으면 큰아들 윤겸까지 조문 편지를 받았겠는가?

내가 앓아누워 있는 동안 여러 일이 있었다. 남자 종 안

손과 명복이 말과 양식을 챙겨서 도망쳤으며, 왜놈에게 일방적으로 당하던 전세도 명군의 도움으로 회복되어 가는 듯했다. 명나라 제독(수군 함대의 지휘관) 이여송이 평양에 들어가서 적을 궤멸했다고 하니, 듣던 중 반가운 소식이었다. 곧 한양을 수복할 것이라 생각했는데, 왜적들이 한양에 모여들어 임해군과 순화군 두 왕자를 인질로 삼고 강화를 요구하고 있다고 한다. 그 간사함을 헤아리기 어렵다.

굶어 죽거나 떠도는 사람들

식구들이 많아 먹을 것을 구해 와도 금세 바닥났다. 왜놈들이 온 나라를 휩쓸었고, 해를 넘겨 씨를 뿌릴 때라 그나마 저장해 둔 곡식도 바닥났다. 더군다나 전쟁이 한창이던 임진년(1592)에는 동면에 사는 무녀의 집에 저장된 곡식이 매우 많아서, 적들이 행여 이 사실을 알고 오래 머물까 걱정되어 곡식을 태웠는데, 그 양이 하도 많아 이틀 밤낮을 탔다고 한다. 그 아깝고 아까운 곡식을 태우기까지 했으니 곡식이 남아 있을 리 없었다.

이리저리 떠돌며 자루를 들고 지팡이를 짚고서 날마다 문간에 서서 구걸하는 사람이 적어도 열대여섯 명에 이르렀다. 불쌍해서 차마 두고 보기 힘들었지만, 나 역시 떠돌며 걸식하는 사람이라 그들을 구제할 수 없어, 그저 안타까워할 뿐이었다.

그렇지 않아도 곡식이 없어 어려웠건만, 우리나라 장수들이 명나라 군사만 믿고 사방을 빙 둘러 지키기만 하면서 제대로 공격도 하지 못한 채 어영부영 시간만 보내는 바람에 농사철을 놓쳐 버렸다. 경상도부터 경기도까지 백성이 제대로 살 수 없어 모두 도망가 숨어 버렸고, 전라도와 충청도에는 걸식하는 자들과 굶어 죽어 길에 널브러진 시체가 헤아릴 수 없을 만큼 많았다. 농사 때를 놓치면 내년 봄을 기다릴 것도 없이 백성이 살아남지 못할 터였다. 만일 명나라 군사가 없다면 장차 나라가 망하는 것을 보고도 나서서 구원하는 자가 한 사람도 없을지도 모를 일이었다.

전라도와 충청도가 적에게 함락되지 않았으니, 회복할 수 있는 근본은 오직 여기에 달려 있었다. 그런데 백성은 창을 메고 적과의 경계에서 보루를 지키거나 여러 진영에 군량을 옮기느라 길을 잇는 등 부역(나라에서 백성에게 강제로 시키는 노동)으로 고통 받고 있었다. 게다가 한편에서는 2년치 공물을 바치라고 백성을 독촉하고, 다른 한편에서는 명나라 군사의 양식을 수송하라고 재촉했다. 관리들이 고을을 다니면서 백성을 매로 다스리니 목숨을 잃는 자도 많았다. 여러 고을에서 비축해 둔 식량이 바닥난 까닭에 환곡(봄에 곡식을 빌렸다가 가을에 추수하여 갚는 제도)마저도 어려워지니, 백성이 곤궁함에 떠돌 수밖에 없었다.

윤해의 목소리

잿더미가 된 한양 도성에 시체만 쌓여 있구나

나는 아버지(오희문)의 둘째 아들로 태어나, 일찍 돌아가신 아버지의 동생(오희인) 집에 양자로 들어갔다. 난리가 나서 피란을 갔다가 올해(1593) 4월 28일 형님과 함께 한양으로 향했다. 한양으로 가던 길에 광주 토당(역삼동)의 조상님들 무덤에 들러 제사를 지내고 성묘를 했다. 산에 가득했던 소나무가 모두 타서 누렇게 변했지만, 시간이 지나 모두 새 잎이 나 있었다.

한양 도성에 들어가 보니, 가운데 길을 기준으로 북쪽 집들은 모두 불에 타 행랑이나 사랑채만 덩그러니 남아 있었다. 그 모습이 몹시 참혹했다. 남쪽 집들은 왜적들이 들어가 진을 쳤던 탓에 보존된 곳이 많았으나, 진을 치지 않았던 곳은 불에 타거나 헐려서 남은 것이 없었다.

이현(진고개)에 있었던 우리 집은 모두 철거되고 깨진 기와와 허물어진 흙이 가득한 가운데, 집 기둥 세 개와 대들보 두 개만 버려져 있다. 외갓집 역시 다 타서 사랑 두 칸과 행랑 외에는 남은 것이 없었다. 향나무와 버드나무는 모두 베였고, 서쪽 담 아래에 무성한 작약 두 그루만 온전했다. 홀로 만발한 꽃을 보니 슬픈 마음을 견딜 수 없었다. 아버지와 어머니가 우리를 키우며 장수 현감인 외삼촌과 30여 년 동안 살았던 곳이다.

주자동 종가에 가 보니 모두 불타고 사당만 남아 있었다. 신주(죽은 사람의 이름과 죽은 날짜를 적은 나무 위패)를 후

원에 파묻었다고 들은 터라 들어가 파내서 참배하려고 하니, 여자 종 천복의 남편이 집 안에 시체가 쌓여 있어 들어갈 수 없다고 말했다. 사당 앞뜰에는 천복과 그의 어미, 며느리, 마을 사람 열두 명의 시체가 버려져 있었다. 아직 수습하여 장사를 지내지 못한 탓에 악취가 온 동네에 가득해서 들어가지 못했다.

거리는 물론 집집마다 시체가 쌓여 있어 참혹하기 그지없었다. 모두 왜적이 동네를 분탕질할 때 피살된 사람들이었다. 이들은 처음에는 집에 숨어 나오지 않았으나, 적들의 꾐에 빠져 다른 집에서 묻어 둔 물건을 모두 파 가서 자기 집에 쌓아 두고는 훔친 술과 밥을 배불리 먹으면서 안도했다고 한다. 후환을 생각하지 않다가 결국 죽임을 당했으니, 모두 자초한 일이다.

내 양부와 양조부모의 신주를 적들이 파내서 뜰에 내버려 둔 것을 여자 종 옥춘이 모셔다가 외갓집 동산에 묻었다고 한다. 그래서 내가 직접 양부와 양조부모의 신주를 찾아서 파냈다. 양조부모 신주 밑에 깔아 두는 네모난 받침은 잃어버렸지만, 찾은 신주를 집에 모시고 돌아오니 마음이 좀 놓였다.

그래도 산 입에 거미줄 치랴

내가 떠돌아다니면서도 어려운 시절을 잘 버텨 낼 수 있었던 것은 크고 작은 도움의 손길이 있었기 때문이다. 그렇지만 전쟁으로 먹고살기도 힘들고 물자가 귀한 이때에 우리 형편을 미리 알아서 챙겨 주는 사람은 없었다. 그래도 그간 쌓은 정이 있으니, 아는 사람을 그냥 굶어 죽게 둘 수는 없을 터였다. 혈연, 지연, 학연 등을 동원해 백방으로 도움의 손길을 찾았다. 양식이 떨어지면 큰아들 윤겸이 근처의 수령들에게 양식을 청했고, 그들은 형편이 되는 대로 도움을 주었다. 벼슬살이하는 윤겸 덕에 어려운 일도 쉽게 해결되곤 했다.

누구든 먹어야 살 수 있다. 그러므로 양식을 보내 주는 사람들의 인정에 보답하는 데는 고맙다는 말만으로는 부족하다. 이들은 살아갈 원동력과 생명력을 다른 이에게 나눠 주는 것이다. 사람들 사이에 주고받는 물건은 관계를 더욱 돈독하게 해 주는 매개체였다. 필요한 물건은 주변에 부탁해서 얻을 수밖에 없었다. 편지를 보낼 때도 상대가 갖고 있을 법한 물건을 부탁했고, 상대는 자신이 구할 수 있는 물건들을 기꺼이 보내 주었다.

홍주에서 임천으로 이주하다

왜놈들이 쳐들어와 식구들과 헤어졌다가 다시 만나 생활했던 곳이 홍주다. 윤겸의 친구인 함열 현감 신응구가 우리 집 일을 자기 일처럼 걱정하여, 굶주림과 배부름을 함께하고 싶으니 자기와 가까운 곳으로 와서 살기를 청하는 편지를 보냈다. 윤겸이 전한 그 편지를 보면서 나는 고개를 갸우뚱했다. 가족을 보전하는 것은 고사하고 자기 몸도 건사하기 어려운 이때 다른 사람과 생사를 같이하겠다는 것은 어떤 심정일지, 왜 그런 편지를 보냈는지 의아했기 때문이다. 그러나 의아함보다 고마운 마음이 컸다. 그러던 중 머물고 있던 집 주인이 나가 달라고 독촉하니, 신응구의 제안에 마음이 기울었다. 결국 임천으로 이주하기로 결정하여 가족 모두 짐을 싸게 되었다.

계사년(1593) 6월 17일에 홍주를 떠났다. 청양을 지나다가 소나기를 만나 내 옷도, 딸아이의 새 치마도 흠뻑 젖었다. 둘째 딸이 울음을 그치지 않아 속상했지만, 한편으로는 우습기도 했다. 정산에 들어가니 윤겸의 친구인 현감 김장생이 우리를 맞았다. 그는 위아래 사람 가리지 않고 약 스무 명에 이르는 우리 일행 모두에게 양식을 한 되씩 내주고, 숯불을 피워 젖은 옷가지를 말리게 해 주는 등 우리를 극진히 대접했다.

임천까지 아주 먼 길은 아니었지만, 워낙 대식구가 이동하다 보니 지체되는 시간이 많았다. 중간에 아내가 갑자기 구토와 설사를 하고, 몇몇은 복날 더위로 복통을 앓는 통에 임천까지 얼마나 걸릴지 가늠할 수 없었다. 그래서 부여 현령에게 배를 빌려 와, 처자식을 배에 태우고 물길을 따라 남쪽으로 내려가도록 했다. 나는 말을 타고 달려 먼저 임천에 도착했다. 임천에서 이틀을 보낸 뒤, 배를 타고 오는 처자식을 마중하기 위해 남자 종 둘과 함께 말과 소 여섯 마리를 끌고 물가에 가서 기다렸다. 곧 식구들이 도착했고, 함께 모여 저녁밥을 먹었다. 부여 현감이 보내 준 쌀 여덟 말과 반찬거리 덕분에 훌륭한 식사를 할 수 있었다. 식사를 마치고 새집으로 짐을 옮겼으나, 남자 종과 말이 부족해 짐을 다 실어 오지 못하는 바람에 윤해가 배 위에서 하룻밤을 묵으며 짐을 지켰다. 그런데도 어디서 잃어버렸는지 부여 현감이 보내 준 뱅어젓이 없어져 안타까웠다.

진주 함락이 다시 두려움으로

진주가 함락되었다는 소식을 들었다. 여러 장수가 계사년(1593) 6월 21일부터 진주성에 고립된 채 수많은 왜적과 밤낮으로 싸웠다고 한다. 혈전을 치른 지 8일이 지난 뒤에도 밖에서는 개미 한 마리도 와서 구원하지 않은 반면, 적은 기세등등하게 합세해서 공격했단다.

창의사 김천일은 직접 성을 순시하고, 울면서 병사들을 어루만져 주었다고 한다. 이에 감동한 이들이 많아, 성이 함락될 무렵에는 좌우 사람들이 그를 부축해 피하게 하려 했단다. 그런데 김천일은 "나는 마땅히 여기에서 죽을 것이니 너희들이나 피하라"라고 말하며 아들 김상건과 함께 남강에 투신했다.

견고하다고 믿었던 진주가 함락되었다는 소식을 들으니 놀랍고 통탄스러웠다. 이 때문에 전라도 사람들이 술렁이면서 모두 충청도로 거처를 옮기려고 했다. 우리 식구들도 경기도로 돌아가고 싶었으나, 임천으로 옮겨 온 지 20일도 안 된 데다가 식량을 구할 수도 없었다. 적의 손에 죽지 않더라도 굶어 죽을 형편이었다.

왜적 4백여 명이 경상도 밀양성 밖에 진을 치자, 박진과 곽재우 및 여러 장수가 들어가 공격하기로 약속을 정하고 명나라 장수에게 말했으나, 총병 유정이 박진 등을 불러들여 하루 종일 뜰에 결박해 놓고 적을 공격하지 못하게 했다고 한다. 도대체 그 속내를 알 수 없었다. 아무래도 일본과 강화를 하는 쪽으로 마음을 굳힌 듯했다. 한편 전라도로 내려간 명나라 군사들이 민가를 돌아다니며 오히려 왜적처럼 끊임없이 재물을 약탈한다는 소식이 들려왔다. 이들은 모두 제독 이여송의 휘하이건만, 그가 병사를 단속하지 않아 이런 지경에까지 이르렀다.

학을 떼다

학질처럼 지긋지긋한 것도 없다. 괜찮은가 싶으면 또 아프고, 나았는가 싶으면 또 걸리는데 증상마저 제멋대로다. 어느 날은 하루 걸러 아프고, 어느 날은 이틀이나 사흘 걸러, 길게는 열흘 걸러 아프기도 한다. 그나마 통증이 하루라도 없으면 다행인데, 매일 아픈 것은 너무나 고통스럽다. 학질을 며느리고금이라고도 부르는데, 아마 못된 시어미가 며느리를 미워하여 붙인 이름일 게다.

온 식구가 학질에 걸렸을 때, 우리 집안에서도 학질 귀신을 잡기 위해 갖은 방법을 동원했다. 달리 약이 없어 좋다는 방법은 죄다 써 보았지만, 실제로 효험이 있던 것인지 아니면 나을 때가 되어 나은 건지 알 수 없다.

어려운 형편에도 다정하고 따뜻한 이웃들

계사년(1593) 10월 2일, 이른 아침을 먹고 고을 오 리 밖

서쪽 변두리에 있는 집으로 옮겨 왔다. 군수가 집주인을 시켜 살고 있던 사람을 내쫓은 집을 우리가 빌린 것인데, 막상 와서 살아 보니 견딜 수 없었다. 방 온돌이 너무 차가워 웬만해서는 따뜻해지지 않고, 나무할 곳과 우물도 너무 먼 데다, 불을 때면 연기가 집 안에 가득해서 눈을 뜰 수조차 없었다. 그래도 기와집이라 깨끗해서 식구들이 좋아할 것이라고 생각했지만, 하룻밤을 지내 보니 방구들이 차가워서 편히 자지 못했다.

이런 까닭에 다시 집을 옮겼다. 오래된 초가집이라 비가 새고 깨끗하지도 않았다. 그러나 군에서 멀지 않아 이웃들이 모두 관에서 일하는 사람들이고, 마을 풍속이 나쁘지 않아 무언가를 꾸어 주는 데 인색하지 않았다. 비록 조그만 물건이라도 번번이 가져다주는 이웃이 있으니, 이 어려운 시기에 살 만하다고 생각했다.

이웃들은 이리 정겨운데, 군수는 한 번도 사람을 보내서 문안하지 않았다. 나의 곤궁함이 극심한데도, 내 사정을 헤아려 주기는커녕 물 한 모금 보태 주지 않았다. 그는 본래 나와 절친한 사이였건만, 큰 고을의 사또가 되었으면서 어

찌 이리 사람을 괄시하는지. 야박하고 인정머리 없는 그의
태도에 서운하기 그지없었다.

빚은 술도 팔고 베갯모도 팔아 살림에 보태다

사람이 밥만 먹고 살 수는 없으므로, 살림을 하려면 필요
한 것이 많았다. 밥조차도 먹을 형편이 못 되었지만, 필수품
을 사려면 뭐라도 장에 내다 팔아야 했다. 술도 빚고, 베갯
모도 만들고, 떡도 만들어 팔았다. 그렇지 않아도 부족한 곡
식으로 술을 빚자니 안타까웠지만, 집에 필요한 것을 충당
하려면 장에 들고 갈 것을 마련해야 했다.

술을 빚으면 대개 여자 종 향비를 장에 보내 쌀로 바꿔
오게 하곤 했다. 먹고살기 급급해서 답답한 마음을 위로해
줄 술 한잔 마시지 못하고 내다 팔아야 하는 신세가 참으로
처량했다. 하루는 향비가 술을 팔아 산 쌀을 자루째 잃어버
리고 빈손으로 돌아왔다. 한 푼이라도 이윤을 남겨서 부족
함을 채우려고 했는데 도리어 본전까지 다 잃었으니 더욱

안타까웠다.

베갯모는 다 못 팔면 다른 날 다시 팔 수 있지만, 떡은 그렇게 할 수 없었다. 그래서 떡을 만들어 놓았는데 비가 내려 장에 나가지 못하게 되면, 그날은 뜻하지 않은 잔칫날이 되었다. 아이들과 함께 떡을 먹어 허기를 면할 수는 있었지만, 아까운 곡식을 허비한 것 같아 마땅치 않았다.

내년이면 어머니를 모셔 올 수 있을까

계사년(1593) 11월 5일 저녁에 어머니의 편지를 받았다. 어머니가 손수 적으신 편지를 읽어 보니 눈물을 주체할 수 없었다. 그편에 들으니, 여자 종 서대가 병이 나 냇가에 움막을 쳐서 내보냈는데, 목이 말라 물을 마시려고 냇가로 기어가다가 엎어져 죽었다고 한다. 서대는 열 살도 되기 전에 어머니가 데리고 온 종으로, 어머니는 서대를 잠시도 곁에서 떼어 놓지 않으셨다. 부지런하고 없는 것도 어떻게든 구해 오는 재주가 있어 어머니가 많이 의지하셨다. 난리를 만나 남쪽 물가로 떠돌면서도 항상 서대를 데리고 다니셨다. 그런데 불쌍하게도 뜻밖에 병을 얻어 죽었다. 어머니가 그 일로 마음이 상해 눈물을 그치지 않으시고, 식사도 잘 하지 못하시게 되어 기운이 없다고 한다.

어머니가 영암 둘째 누이 집에 오래 있는 것이 미안해서 북쪽으로 돌아가고 싶어 하신다고 들었다. 하지만 한양이든, 지방이든 어디를 둘러봐도 의지할 곳이 없었다. 나 또한 곤궁함에 미음과 죽도 잇지 못하는 처지라, 연로하신 어머니를 아직까지 모셔 오지 못했다. 비록 형편이 어렵다고는 하지만, 불효의 죄가 막심하다. 그러나 내년 봄에 날이 따뜻해지면 죽이나 미음은 올리지 못하더라도 마음이나마 편안하게 해 드리리라 다짐했다. 하지만 세상일이라는 게 어그러지기 일쑤니, 어찌 미리 기약할 수 있겠는가? 어머니에 대한 근심과 그리움이 날로 더해졌다.

학질이 뭐길래…

임진왜란이 일어난 후 먹을 것이 부족하여 많은 사람이 영양실조에 걸렸다. 영양이 부족하니 면역력이 떨어져 여러 질병에 시달렸는데, 그중 학질이 가장 흔했다. 당시에는 이 병의 원인을 몰랐지만, 근대에 들어 모기가 학질을 옮긴다는 사실이 밝혀졌다. 오늘날에는 학질을 말라리아라고 부른다.

학질이 얼마나 치료하기 어려웠던지, '고생스럽고 어려운 일에서 벗어나느라 진땀을 빼다'라는 의미로 '학을 떼다'라는 표현을 사용하게 되었다. '학을 떼다'란 원래 '학질에서 회복되다'라는 의미다.

학질은 열이 나는 주기에 따라 하루거리, 이틀거리, 사흘거리, 나흘거리라고 일컬었다. 고금이라고도 하며, 매일 열이 나는 학질을 가리켜 '며느리고금'이라 부르기도 했다. 며느리가 얼마나 미웠으면 매일 열이 나는 지독한 학질에 그 이름을 붙였을까.

　조선시대에는 학질을 치료할 방법이 없었기 때문에 많은 사람이 학질을 귀신에 씌어 걸리는 병이라고 생각했다. 그래서 '학질 귀신'을 잡기 위해 부적을 사용하거나, 박 넝쿨을 태워 술에 타 먹게 하거나, 뽕나무 껍질을 끓여 마시거나, 주문을 외며 복숭아 열매를 먹거나, 오래된 신발 밑창을 태우고 남은 재를 물에 타 먹거나, 제비 똥을 가루로 만들어 술에 담가 코 밑에 대고 냄새를 맡는 등의 방식이 성행했다. 이런 비법은 옛날부터 사용하던 민간요법으로, 주변에 있는 재료들을 활용해 손쉽게 따라 할 수 있었다. 오희문 역시 가족이 학질로 고생할 때 민간요법을 활용해 효험을 보기도 했다.

4

떠돌이 생활을 하며
농사를 짓다

기름졌던 들판에는 거친 풀만 가득

갑오년(1594) 5월이 되었으나, 땅을 갈지 않아 전라도 임피(군산) 아래 신창 나룻가부터 김제 북쪽까지 펼쳐진 드넓고 기름진 들판에 거친 풀만 가득했다. 더군다나 채 여물기도 전에 굶주린 사람들이 오가며 몰래 따 가는 통에 밀과 보리 농사도 좋지 않았다. 밤중에 몰래 베어 가는 자가 많아서 밤새 지키며 때로는 활을 쏘기도 하지만 막을 수 없다고 한다. 주민에게 물으니, 이웃 고을들도 사정은 마찬가지라고 대답하기에 탄식이 절로 났다. 종자도 인력도 없는 데다 부역이 많아서 백성이 거의 다 도망치고 흩어졌기 때문에 천 리 기름진 들판이 쑥대밭이 되어 버렸다.

나라에서 식량을 의지할 곳이라곤 전라도뿐인데, 그마저도 이 지경이니 다른 곳은 오죽할까. 전염병이 크게 번져서 계속 사람이 죽어 나가고, 길가에 버려진 시체가 셀 수 없을 만큼 많았다. 올해 논밭 세금은 아직 반도 거두지 못했다. 세금을 독촉하면서 처자식까지 잡아들여 감옥은 죄다 꽉 찼고 백성이 모아 두었던 식량도 고갈되어 곳간이 텅 비었다. 죽인다고 해도 바칠 양식을 구할 곳이 없었다. 조정이라고 뾰족한 대책을 내놓기도 어려울 듯했다.

그나마 태인 땅에 들어서면 상황이 좀 나았다. 태인에도 땅을 갈지 않은 곳이 더러 있기는 했지만, 다른 곳처럼 많지는 않았다.

길을 따라가며 들으니, 전염병이 기승을 부려 많은 사람이 죽어 가고 있다고 한다. 애처로운 우리 백성이 왜놈들의 칼날에 시달리는 것도 모자라 이제는 굶주림과 전염병으로 고통받고 있으니, 이대로 가다가는 내년이 오기도 전에 모두 죽을 터였다.

하늘이 보내는 징조, 지진

갑오년(1594)에 접어들자, 전란이 시작된 임진년(1592) 때보다 해괴한 일이 더 많이 일어났다. 얼마 전에는 큰비가 쏟아지며 천둥이 심하게 치더니, 초복 날 새벽에는 지진이 세 차례나 이어졌다.

전례 없이 큰 지진에 집이 흔들려 서까래에 붙은 흙이 떨어지면서 우레와 같은 소리가 났다. 그 소리가 어찌나 크던지, 깊이 자던 아이들도 모두 놀라서 깰 정도였다. 지진은 북쪽에서 남쪽으로 났다. 전에도 지진이 난 적은 있었지만, 이번처럼 크게 난 적은 없었다. 며칠 뒤에는 먼젓번 지진에 화답하듯 남쪽에서부터 북쪽으로 지진이 났다. 변괴가 예사롭지 않았다.

죄 없는 백성이 날마다 죽어 가는데, 하늘은 재앙 내린 것을 후회하지 않고 또 다른 재난을 일으켰다. 다스리는 사람이 이를 두려워하고 반성하면서 진실하게 대응하여 죽어 가는 백성의 목숨을 보전하게 해야 할 것이다.

왜놈들이 쳐들어온 지 2년이 지났다. 하루는 열두세 살쯤 된 여자아이가 문밖에서 먹을 것을 구걸했다. 아이에게 사연을 물으니, 부모는 전란 초기에 왜적의 손에 죽었고, 고모부와 함께 걸식하며 전라도를 떠돌다가 북쪽으로 돌아가던 중 이곳에 잠시 머물렀는데, 고모부가 처자식만 데리고 도망갔다고 한다. 그 모양새와 말하는 것을 보니 어리석지는 않은 듯하여 집안사람들을 시켜 아이를 거두어 기르게 했다. 며칠 동안 살펴보고 잔심부름을 시키려고 했더니, 열흘도 안 되어 도망가서 돌아오지 않았다.

하루는 열 살 남짓 된 남자아이와 여자아이가 표주박을 들고 먹을 것을 구걸했다. 등에는 보따리를 진 채 문밖에서 어미를 부르며 통곡하기에 연유를 물었다. 아이들은 전란 초기에 부모와 함께 피란하였으나 지난봄 아비가 병으로 죽었고, 그 후 어미와 함께 전라도 땅을 떠돌며 걸식하다가 여기에 온 지 사나흘 되었다고 이야기했다. 어미가 입만 열면 자식들 때문에 마음대로 구걸도 못한다고 하더니, 결국 몰래 도망가 버렸단다. 마을을 돌며 어미를 불러 봐도 대답이 없고, 전날 한 숟갈을 구걸하여 먹은 뒤로 아무것도 못 먹었다고 말했다. 남매는 어미가 자기들을 버리고 갔으니 자기들은 머지않아 굶어 죽을 것이라고 말하며 애통한 울음을 그치지 않았다. 듣자니 너무나 불쌍해서 눈물이 났다. 부모 자식 간에도 서로를 버릴 지경이니, 전쟁 중에 사람의 도리를 제대로 챙기기가 이렇게나 어려웠다.

얼마 전에는 길에서 거적에 덮인, 굶어 죽은 시체를 보았다. 그 곁에서 두 아이가 앉아 울고 있어서 사연을 물었더니, 제 어미라고 대답했다. 병들고 굶주리다 어제 죽었는데, 그 시신을 묻으려고 해도 제힘으로 옮길 수 없을 뿐 아니라 땅을 팔 연장도 구할 수 없다고 한탄했다. 잠시 후 나물 캐는 여인이 광주리에 호미를 가지고 지나가는 것을 본 두 아이가 저 호미를 빌린다면 땅을 파서 묻을 수 있겠다고 말했다. 아비와 어미가 병들어 굶어 죽으니 아이들은 버려지고, 버려진 아이들은 구걸도 못하고 속수무책으로 길가에 나뒹굴다 굶어 죽을 수밖에 없는 형편이었다.

먹을 것이 없어 사람까지 잡아먹는단다

　며칠을 굶다 보면 체면도 없어지는 까닭에 배고픔을 면하기 위해 이것저것 가리지 않고 찾아 먹기 마련이다. 굶주린 사람은 구걸하는 데 거리낌이 없으며, 상황이 여의치 않으면 남의 것을 훔쳐 먹는 것도 주저하지 않는다.

　하루는 말에게 주려고 콩 네 되를 삶았는데, 아무도 없는 틈을 타서 굶주린 사람이 들어와 반이나 훔쳐 먹었다. 도둑질한 자가 괘씸했지만, 한편으로는 오죽 배가 고프면 도둑질을 했을까 싶었다. 그래서 남자 종들이 그를 붙잡아 때리려는 것을 엄하게 말렸다.

　작년에는 걸인이 많았는데, 그새 죄다 굶어 죽었는지 마을에 걸식하는 사람이 눈에 띄게 줄었다. 심지어 이런 소문도 났다. 영남과 경기도에서는 사람들이 서로 잡아먹는 일이 많은데, 심지어 어떤 자는 육촌뻘 되는 친척을 죽여서 먹기까지 했단다. 어찌 그런 일이 있을 수 있을까 생각하며 가슴을 쓸어내렸다. 또 듣자니, 한양 근처에서 전에는 먹을 것을 가지고 가는 사람을 죽여 먹을 것을 빼앗았는데, 최근에는 혼자 가는 사람이 있으면 마치 산짐승처럼 쫓아가서 죽여 잡아먹는다고 한다. 이러다가는 사람의 씨가 말라 버리겠다.

윤겸네의 불행

윤겸이 살고 있는 처가댁에 전염병의 기운이 만연하다는 소식을 들었다. 남자 종 세만의 처가 전염병으로 죽었고, 세만도 심하게 앓고 있어 앞으로 생사를 알 수 없다고 한다. 윤겸의 처도 전염병에 걸렸다고 하는데, 임신한 처지에 여러 번 앓아누워 심히 걱정되었다. 설상가상으로 윤겸네의 딸 효임마저 병으로 죽었다. 이미 지난 난리 통에 윤겸네의 두 딸이 잇따라 죽었는데, 이제 효임마저 죽어 임아 하나만 남았다.

윤겸네의 불행은 여기서 그치지 않았다. 얼마 전에는 윤겸의 장인 이응화가 순천에서 바다를 건너가다가 배가 부서져 죽었다. 몇 개월 뒤에는 보령에 살고 계시던 이응화의 노모도 돌아가셨다. 평소에 아들의 봉양을 받지 못하여 팔

순에 가까운 나이에도 배불리 먹지 못하고 항상 굶주리는 것을 탄식했는데, 결국 그 아들이 먼저 죽고 이어서 운명을 달리하셨다.

윤겸의 처가댁에는 장사 지내는 일을 부탁할 데가 없으니, 분명 윤겸이 장례를 준비했을 것이다. 평소 윤겸의 처를 가장 사랑하여 윤겸에게도 후하게 대해 준 장조모(아내의 할머니)의 일이니 사양할 수 없었으리라. 그 일로 윤겸은 보령의 상갓집에 가 있다고 한다. 어쩔 수 없는 상황이지만, 윤겸이 전염병이 도는 집에 드나드는 것이 걱정됐다.

이 어려운 때 위정자의 탐욕이라니

영암의 둘째 누이 집에 갔다가 알게 된 일인데, 암행어사가 군에 들어왔다고 한다. 분명 들은 말이 있어서일 게다. 암행어사는 군수가 사 놓은 큰 집으로 직접 가서 부정을 적발한 뒤, 군수를 나주로 옮겨 가두었다고 한다. 군수는 민심을 잃은 지 이미 오래되었다.

자신의 파면 소식을 들은 군수는 관아 곳간의 물건을 배두 척에 가득 실어 영광에 있는 집에 보내고, 곡식도 빼돌려성안에 있는 집 약 열 채에 나눠 두었다고 한다. 이뿐만 아니라 떠도는 사람들의 곤궁함을 이용해 그들의 노비를 마구 사들이는가 하면, 관아의 쌀을 빼내어 무명으로 바꾸는 등 도둑질한 곡식도 어마어마하단다. 나라의 재정이 고갈된 이때에 조정에서 임무를 맡긴 뜻을 생각지 않고 백성을 들들 볶아 이처럼 탐욕스럽게 수탈했으니, 그를 죽인다고 한들 막을 사람이 없었다.

어머니를 모시다

계사년(1593) 초에 내가 전염병에 걸려 어머니를 영암 둘째 누이 집으로 모셨다. 그러나 건강을 찾은 뒤에도 형편이 여의치 않아 어머니를 모셔 오지 못했다. 갑오년(1594)에 접어들어서도 형편은 나아지지 않았고 딱히 봉양할 방법도 없었다. 하지만 거의 1년을 영암에 계시던 어머니가 이제는 몹시 돌아오고 싶어 하셨으므로, 어머니를 모시고 오기 위해 영암으로 갔다.

어머니와 둘째 누이는 작별할 때가 되자 서로를 붙들고 통곡했다. 이제는 정말로 다시는 만나지 못할 수 있다는 슬픔에 두 사람은 한참 동안 작별 인사를 나눴다.

어머니를 모시고 영암을 나와 태인에 도착했다. 하룻밤 묵기에 마땅한 곳이 없어, 비바람이나 겨우 피할 만한 두어 칸짜리 초가집에 어머니를 모셨다. 고향을 떠나 천 리 밖에 온 터라, 사방을 둘러봐도 의지할 친척 하나 없었다. 어머니는 하염없이 우셨고, 나도 설움을 견딜 수 없어 눈물로 소매를 적셨다. 타향을 떠도는 것도 모자라서 어머니와 한곳에 같이 있지도 못했으니, 자식으로서 죄송스러웠다. 형편이 어려웠다고는 하지만, 마음이 쓰린 것은 어쩔 수 없었다.

젊은 종과 늙은 종

떠돌아다니는 처지라도 먹고살려면 농사도 짓고 누에도

쳐야 한다. 그러려면 일손이 필요하다. 마침 죽은 구례 현감 조사겸의 첩이 여자 종 둘을 샀다가 되판다기에, 무명 열세 필을 주고 그들을 샀다. 이웃 이광춘을 불러 노비 문서를 쓰게 하고, 그의 외숙의 남자 종 끗산과 소지에게 증인을 서게 하여 문제가 없게 처리했다. 두 여자 종의 이름은 삼작질개와 아작개였는데, 우리 집에 들인 뒤에는 각각 덕개와 눌은개로 이름을 고쳐 불렀다.

새로 여자 종 둘을 산 지 얼마 지나지 않아 늙은 여자 종 열금이 죽었다. 병세가 너무 심해서 손쓸 수조차 없었다. 차디찬 곳에서 오래 거처했고, 배불리 먹고 마시지도 못한 탓이리라. 먹고 싶은 음식이 있어도 구할 길이 없어 먹어 보지도 못하고 죽었으니, 안쓰러운 마음이 들었다.

열금은 성질이 험악하여 일이 조금만 여의치 않으면 번번이 성내며 욕을 했다. 심지어 상전 앞에서도 공손하게 행동하지 않아서 모두 열금을 싫어했다. 이런 점만 본다면 열금이 죽어도 아쉬울 것이 없지만, 그녀는 어렸을 때 잡혀와서 심부름을 하며 칠순이 넘도록 도망친 적이 단 한 번도 없었다. 또 길쌈에 능하고, 집안일에 부지런하고, 다른 노비들을 잘 단속했으며, 사소한 일에 있어서도 상전을 속인 적이 없었다. 그런 열금이 정처 없이 타향을 떠돌다가 죽어서는 관에조차 들어가지 못하게 되었다. 그러나 관을 짜서 제대로 죽음을 위로할 수 없는 처지였다. 안타까운 마음이 들어 남자 종 둘로 하여금 열금의 시체를 양지바른 곳에 묻게 하였다.

왜적은 그대로인데 지방에는 도적까지

왜적이 여전히 변방에 자리를 틀고 호시탐탐 북쪽으로 올라가려는 마음을 품고 있는데, 전라도 곳곳에서 도적이 크게 성행하여 날뛴다고 한다. 태인에서는 무리를 지은 도적들이 옥을 포위하여 문과 자물쇠를 때려 부수고 갇혀 있던 자신들의 무리를 구출했으며, 이산(논산)에서도 이와 같은 난리를 부렸단다.

또 전주에서는 도적들이 남문 밖에 있는 한 장수의 집을 대낮에 포위하여 장수를 끌어내서 죽이고 그 집을 불살랐다고 한다. 관아에서 군사를 이끌고 그들을 쫓아가면 뿔뿔이 흩어져 산골짜기로 홀연히 사라지는 바람에 한 놈도 잡지 못했다고 한다.

달아난 도적뿐만이 아니라, 유랑하는 백성마저 모두 도적의 소굴로 들어가 버렸다. 이런 시국에 조정에서 좋은 방책을 낸다고 한들 백성을 편안하게 할 수 있겠는가? 전주에서 피살된 장수는 평소에 도적의 무리를 많이 체포했기 때문에 화를 입었다고 한다. 이런 일이 계속된다면 앞으로는 누구도 애써 도적을 체포하지 않을 것이다. 왜적의 손에 죽든, 도적의 손에 죽든, 어디서 어떻게 죽을지 모를 노릇이다.

얼마 전에는 화적 떼가 둘째 아들 윤해가 잠시 머물던 곳을 습격했는데, 윤해는 맨몸으로 피하여 겨우 화를 면했다고 한다. 그 소식을 듣고 얼마나 놀랐는지 모른다. 정처 없이 떠돌며 굶주리는 것도 모자라 또 이런 변을 당했으니, 사람의 곤궁함이 항상 이렇단 말인가? 하늘은 우리를 어디까지 몰고 가려 하는가?

전쟁 중에 치러진 무과 시험

갑오년(1594) 초에 완산에서 무과 시험이 있었다. 무쇠로 만든 철 화살을 다섯 발씩 두 번 쏴서 두 발을 맞힌 자와 말을 타고 활을 쏘아 한 차례에 두 발 이상 맞힌 자로 1,782명을 뽑았다고 한다. 이 군에서도 서른 일고여덟 명이 합격했다고 한다. 부모님이 돌아가시고 아직 장례를 안 지낸 사람도 많이 뽑혔단다. 자식으로서 부모님이 돌아가시면 삼년상이 기본인데, 이렇게 난리가 일어나 나라를 지키러 가야 하니 안타까운 일이었다. 듣자 하니, 이들을 남원에 집결시켜서 영남의 왜적을 치게 할 것이라고 한다.

죽도 제대로 못 먹는 처지

계사년(1593)에도 굶어 죽는 사람들이 길에 즐비했으나 올해(1594)처럼 심하지는 않았다. 관아에도 백성의 집에도 양식이 없어 구걸할 길조차 막막했다. 죽을 먹더라도 콩이

나 보리, 메밀 등 곡식이 들어간 죽을 먹어야 먹은 것 같은데, 양식이 떨어져 죽에 곡식을 넣지 못하는 일이 많아졌다. 쑥이나 산나물이라도 있으면 좋으련만, 그마저도 없으니 회화나무 잎과 소나무 속껍질 등으로 그저 허기를 달랠 뿐이었다.

겨우 얻은 곡식으로 밥을 지어 모시 잎에 싸서 먹을 때도 된장을 얻지 못하여 소금을 찍어 삼켜야 했다. 그런가 하면 소금조차 없는 날도 있었다. 하루는 함열 현감 신응구가 뱅어젓을 보내 주었으나, 함께 먹을 밥이 없어 속만 끓여야 했다.

먹을 것은 없는데, 식구가 너무 많았다. 윤해의 처자식까지 포함하면 거의 열 명에 이르는 형편이라, 죽을 쑤어도 각자에게 돌아가는 몫은 반 그릇도 되지 않았다. 상황이 이러니 종들이 먹을 것은 아예 없었다. 한창 클 나이의 윤성과 단아는 배도 채우지 못하고 지친 채 뼈만 앙상해서 차마 볼 수 없었다. 어린 손주가 먹을 것을 달라고 우는데도 어찌할 방법이 없었다. 말에게 먹일 풀도 떨어져 사람이나 말이나 배고픔을 견딜 뿐이었다.

근심과 괴로움으로 가득 찬 마음을 해소할 수 없었다. 굶주림을 잊기 위해 가끔 활쏘기도 하고, 나를 찾아온 사람들과 바둑을 두거나 승정도 놀이(벼슬 이름이 적힌 종이로 하는 말판 놀이)를 했다. 마을의 늙은 사람들과 젊은 사람들이 편을 나눠 승패를 겨루다 보면 잠깐이나마 근심을 잊고 하루를 보낼 수 있었다.

함열 현감이여! 그 후한 인정을 넘어 은혜로다

우리 가족은 홍주에 살다가 함열 현감 신응구의 편지를 받고 임천으로 이사 왔다. 굶주림과 배부름을 함께하자던 신응구의 인정은 실로 남달랐다. 그는 함열 현감으로 있는 동안 우리 가족에게 수시로 먹을 양식과 필요한 물품을 보내 주었다. 그가 보낸 물품이 하도 많아, 일일이 나열할 수 없을 정도였다.

신응구가 큰아들 윤겸의 친한 친구이긴 하지만, 내 친척도, 이전부터 나와 알던 사이도 아니다. 그런데도 우리 집을 매우 후하게 대접하여, 내가 한 달에 두세 번 사람을 보내서 도움을 청해도 전혀 싫어하거나 어려워하지 않았다. 게다가 내 마음을 읽고 있는지 특별히 요청하거나 아쉬운 소리를 하지 않아도 은근한 마음을 전해 주었다. 한집안 열 식구가 신응구 덕에 걱정 없이 연명했으니, 이 큰 은혜를 어찌 갚아야 한단 말인가? 신응구가 없었다면 우리 식구들은 구렁을 뒹구는 귀신이 되었을 것이다.

굶주림이 심하던 갑오년(1594) 3월, 신응구의 부인이 죽었다는 소식을 들었다. 갑작스러운 일이라 무척 놀랐다. 부인과 사별한 사실을 위로하고 슬퍼해 주는 것이 우선이지만, 상을 치르느라 우리 집에 신경을 써 주지 못할까 염려되었다. 그의 도움 없이 하루하루를 견뎌 낼 수 없었기 때문이다.

그가 상을 당했다는 소식을 들은 지 열흘도 안 되어 남자 종을 보내 양식을 청했다. 도저히 사람의 도리가 아니라고 생각했지만, 형편이 절박해서 어쩔 수 없었다. 이런 염치없는 부탁에도 신응구는 개의치 않고 양식을 보내 주었다. 또한 내 생일 전날에는 햅쌀 두 말, 소주 여섯 병, 송아지 뒷다리 한 짝을 보내왔다. 이런 마음 씀씀이는 도대체 어디서 오는 것일까?

신응구의 목소리

일이 이렇게 되었으니 어떡하랴

왜놈들에게 한양이 풍비박산이 났을 때 나는 강원도로 갔다. 그곳에서 윤겸의 식구들을 만났다. 윤겸은 본인의 식솔들과 어머니, 아직 혼례를 올리지 않은 누이동생 셋과 함께였다. 그중 윤겸의 첫째 누이동생이 내 눈을 사로잡았다. 그러나 당시에는 아무 말도 할 수 없었다. 이후 나는 함열의 현감으로 부임해 전라도로 떠났고, 한동안 그들의 소식을 모른 채 살았다.

계사년(1593)에 윤겸의 가족들이 홍주로 왔다는 소식을 들었다. 알 수 없는 감정에 이끌려 윤겸에게 편지를 보냈다. 어려운 시기니, 가까이에 거처하면 힘닿는 대로 돕고 싶다고 적었다. 그러나 사실 그녀를 멀리서나마 볼 수 있기를 바랐다.

윤겸네는 내 편지를 받고 임천으로 옮겨 왔고, 나는 그날에 맞춰 필요한 양식을 보냈다. 얼마 후 윤겸을 만나러 가는 길에 윤겸의 누이동생들과 인사를 나눴다. 이렇게나마 그녀와 만날 수 있어 다행이라고 생각했다.

그런데 얼마 전 아내가 병에 걸려 죽었다. 나는 반년을 기다렸다가 윤겸의 첫째 누이동생에게 혼인을 청했고, 장인(오희문)께서도 흔쾌히 승낙하여 빠르게 혼삿날이 잡혔다. 비록 일찍 죽은 아내가 안타깝긴 하지만 인생이 그런 걸 어찌하랴! 이제 내 부인이 된 그녀를 아끼고 행복하게 해 주리라.

큰딸과 함열 현감 신응구의 혼례식

갑오년(1594) 8월 13일에 큰딸이 함열 현감 신응구와 혼례를 올렸다. 날씨가 맑고 화창하여 기분이 좋았다. 신응구의 부인이 죽고 나서 얼마 되지 않아 우리 집안과 신응구 집안은 혼사를 의논했다. 온양 군수인 신응구의 아버지에게 늦가을이나 겨울에 혼사를 올리자는 뜻을 전했다. 하지만 명나라의 유정 제독이 군사를 거두어 올라가는 바람에 왜적이 다시 몰려올까 두려워 혼삿날을 앞당겼다.

혼삿날이 임박해 오는데도 곤궁한 형편 탓에 어떤 일도 뜻대로 준비되지 않아 몹시 답답했지만, 다행히 이리저리 빌리고 얻어 혼례를 준비할 수 있었다.

혼삿날 저녁, 모든 게 준비되어 사람을 보내서 신랑 맞기를 청했다. 원래는 장인인 내가 나가서 사위를 데리고 들어와야 하지만, 혼례식 예복을 구하지 못한 것이 민망했다. 그래서 소지에게 기러기(암수 사이가 좋고, 홀로 남게 돼도 다른 짝을 구하지 않아 절개를 상징함)를 받들어 올리게 하고 잠시 자리를 피했다가 돌아왔다.

신랑과 신부가 맞절하는 예와 마주 앉아 술잔을 나누는 의례가 모두 예법에 맞았다.

큰딸이 함열로 떠나던 날

혼례식 다음 날 오후에 함열 현감 신응구가 술과 과일을 한 상 차려 와서 우리 집 식구들을 대접했다. 신응구는 이틀을 머물다가, 며칠 뒤에 신부를 데리러 오겠다고 말하고 돌아갔다. 신응구의 대부인(남의 어머니를 높여 부르는 말)은 제사 지낸 고기 스물세 곶('꼬챙이'의 옛말)을 보내면서, 아내에게 편지로 신부가 아름다워 깊이 감사한다고 전했다. 약속한 19일, 날이 저물 무렵에 신응구가 관아의 남자 종 세 명, 가마꾼 열 명 등 모두 스무 명을 거느린 채 덮개 있는 가마를 빌려 타고 왔다.

다음 날 지금껏 언제나 함께한 큰딸이 막상 떠난다고 하니 마음이 이상했다. 날이 밝기 전에 술 두 동이를 내다가 하인들에게 먹였다. 날이 밝자 자릿조반으로 죽을 먹고 출발했다. 작별할 때 큰딸은 제 어미와 동생들과 서로 붙잡고 소리 내어 울었다. 슬하에 여러 해 두던 딸을 하루아침에 아주 보내 버리니, 애틋하고 아쉬운 마음이 어찌 없겠는가? 다만 거리가 멀지 않아서 소식이 끊길 날은 없을 것이니 그나마 위로가 됐다.

남당진까지 나가 큰딸을 배웅했다. 이후에는 윤겸이 홀로 큰딸을 데리고 가고, 나는 높은 언덕에 올라 멀리서 가는 배를 바라보았다. 배가 점점 멀어져 갔다. 남쪽 물가를 한껏 바라보니 더욱 슬퍼 눈물이 소매를 적셨다. 관아에서 준비한 배가 세 척인데, 가장 큰 한 척에는 해를 가리는 장막과 깔개가 설치되어 있었다. 다른 한 척에는 음식과 물품을, 또 다른 한 척에는 사람과 말을 실었다. 세 척의 배가 일시에 떠갔다. 아침은 배 안에서 준비한다고 했다.

나는 말을 타고 남자 종 하나만 거느린 채 말이 가는 대로 몸을 맡겨 돌아왔다. 해가 이미 중천에 있었다. 집에 들어와 큰딸이 앉았던 곳을 보니 더욱 슬퍼 눈물이 흘렀다. 아내와 남은 두 딸이 둘러앉아서 울고 있었다. 형편이 그러하니 어찌하겠는가? 이틀 전에 윤해의 식구들이 진위로 돌아갔고 이내 큰딸 또한 떠나갔으니, 더욱 마음을 가눌 길이 없었다.

떠돌이 생활에 둔답을 일구다

임천은 내가 살던 곳이 아니라 경작할 땅이 없었다. 하지만 먹고살기 위해서는 둔답(관아에 속한 논)이라도 갈아야 할 것 같아서 임천 군수에게 부탁했다. 홍주에 있을 때는 그곳에 언제까지 있을지 몰라 땅을 빌리지 않았다. 물론 임천에서도 얼마나 머물게 될지는 모르지만, 농사를 지어 조금이라도 생활에 보태야겠다고 생각했다.

처음에는 군수가 확답을 주지 않아 불안했지만, 결국 논 다섯 마지기를 빌리게 됐다. 소를 빌리고 남자 종들과 이웃 사람까지 동원하여 둔답을 일구고 두둑을 골랐다. 관아에서 받아 온 종자 다섯 말을 키질하여 검불을 날리고 나니, 남은 종자는 두 말 석 되에 지나지 않았다. 여기에 함열에서 구해 온 벼 세 말을 합하여 총 다섯 말을 뿌렸다.

처음에는 둔답에 볏모가 드물었으나, 세벌매기한 뒤로는 무성해졌다. 막 이삭이 패려고 할 때는 오랫동안 가물어 무척 걱정하기도 했다. 그러나 수확 철에 벼를 거두어 보니 양이 제법 되었다.

온갖 방법을 동원해 환곡을 얻고

홍주에서 거처할 때는 환곡을 받았다. 대부분 윤겸 덕분에 수령에게 청해서 얻어 왔고, 이렇게 빌린 환곡으로 급한 불을 끄곤 했다. 나중을 생각하면 빌리지 말아야 하지만 목구멍이 포도청이라고, 식구들이 굶고 있는 데다 빌릴 곳도 딱히 없던 터라 관청에서 곡식을 빌릴 수밖에 없었다. 모두 굶어 죽을 마당이라 누구나 환곡을 받고자 했다. 그렇지만 환곡은 매우 제한적이어서, 이를 받기 위해서는 아는 사람을 모두 동원해야 했다. 심지어 환곡을 받을 수 없는 사람들은 다른 사람의 이름을 빌리거나 뇌물을 바치는 것도 마다하지 않았다.

환곡은 보리의 경우 1~2월 초까지, 벼는 2~5월까지 빌릴 수 있었고, 보리는 6월경, 올벼나 쌀은 9~11월 무렵에 갚아야 했다. 홍주에 살 때 몇 번 곡식을 빌렸다. 사정이 어려워 아는 사람을 통해 현감에게 일부 환곡을 감해 달라고 부탁하니, 다행스럽게도 현감이 부탁을 들어주었다. 그러나 결국 윤겸의 남자 종 세만을 통해 얻어 왔던 환곡은 다 갚지 못하고 임천으로 이주했는데, 이 일로 인해 세만 내외가 옥에 갇히게 되었다. 윤겸이 나서서 잘 해결하기는 했으나, 세만 내외에게 미안했다.

올해(1594)는 임천에서 부지런히 환곡을 받아먹으려 한다. 그러려면 주변 사람들을 총동원해야 한다. 임천 군수 송응서는 오랫동안 만나지 못했지만 나와 인척이다. 마침 그의 아들 송이창이 와서 나에게 화전을 대접하고 저녁밥도 주기에 환곡을 받고 싶다고 운을 뗐더니, 거친 벼 두 섬을 환곡으로 내주었다. 또 전주 땅의 지평 송인수에게 편지를 보냈다. 그의 처삼촌이 관찰사로 있기 때문이다. 관찰사나 도사의 명령이 없으면 고을 수령이 환곡을 주지 않는다. 결국 환곡으로 거친 벼 한 섬을 빌릴 수 있었다. 한산 군수가 군에 왔다는 말을 들었을 때는 말을 빌려서 달려가 은밀하게 벼 다섯 섬을 청했다. 빌려서 이리저리 요긴하게 쓸 때는 좋았지만 추수가 끝나고 나면 갚느라 애를 먹을 것이다.

괘씸하고 얄미운 노비들

남자 종이고 여자 종이고 남의 일을 제 일처럼 하는 놈은 별로 없었다. 아무리 좋게 말해도 먹히지 않았고, 모두 제마음 내키는 대로 행동하기 일쑤였다. 그래서 가끔 몽둥이를 들어 엄하게 다스렸지만, 매번 그럴 수도 없어 난감했다. 사정이 이러니 어이없는 일도 많았다. 하루는 남자 종들을 시켜 뒷간을 만들게 하고 밥을 먹은 뒤, 소나무 속껍질을 벗겨 먹거리에 보태게 했다. 자기네 먹거리로 삼으라고 한 것인데도 힘써 일하지 않고 각자 두어 움큼씩만 가지고 왔다. 내 속이 어찌나 타던지, 괘씸하고 얄밉지만 속으로 끙끙거릴 수밖에 없었다.

또 얼마 전에는 여자 종 강춘의 한쪽 발이 종기로 퉁퉁 부어 허리통만 해져서 몸을 움직이지 못했다. 밥 지을 사람이 없어서 다른 여자 종 어둔에게 밥을 짓게 했더니, 훔쳐 먹을 뿐만 아니라 불결하게 음식을 해 왔다. 여러 번 타일렀으나 바뀌지 않았다.

농사일도 마찬가지였다. 논이나 밭을 고르거나 김을 맬 때, 모를 심거나 수확할 때도 누구 하나 힘을 다하지 않았다. 게다가 조금이라도 아프면 병을 핑계 대고 밭에 나오지 않았다. 아마 자기네 논밭의 일이라면 그렇게 게으름을 피우지 않았을 테다. 한 번은 부아가 치솟아 몽둥이를 들어 발바닥을 때리기도 했지만 그때뿐이었다. 네 사람에게 다섯 마지기 논을 고르게 했는데 사흘이 되도록 일을 끝내지 못했다. 심지어 씨 뿌린 곳에 참새 떼가 모여들어 쪼아 먹어도 쫓는 놈이 없었다.

나를 찾아온 불쌍한 사람들

내가 영암 둘째 누이 집에 가 있는 동안 기대수 내외가 우리 집을 찾아와서 하룻밤 묵고 돌아갔다. 그들은 짐을 진 채 두 자녀를 데리고 영동에서부터 정처 없이 구걸하며 떠돌다가, 우리 집 식구들이 임천에 거처한다는 말을 듣고 왔다고 한다. 그러나 그때 우리 집에도 양식이 다 떨어져서 죽밖에 주지 못했다.

기대수는 나의 외사촌인 남자순의 사위로, 집은 경상도 개령(김천)에 있었다. 재산이 넉넉하여 호화로운 집에서 살았다. 그런데 난리를 만나 하루아침에 가산을 잃고 노비들도 모두 도망쳐 버렸다. 제힘으로 살 수 없어서 떠돌다가 함께 공부하던 한산 군수에게 의탁하려고 남쪽으로 왔단다.

그로부터 반년이 지난 8월에 기대수가 처자식을 데리고 찾아왔다. 처음에는 걸인인 줄 알았다가 이름을 물어본 뒤에야 그를 알아봤다. 다 해져 누덕누덕 기운 옷을 입고 있어 양반의 모습 같지 않았다. 아침저녁을 대접하고 그의 처자식을 함께 재웠다. 다음 날 기대수가 아침을 먹고 한산으로 가서 군수에게서 먹을 것을 구하겠다고 하기에, 돌아올 때 다시 들르라고 했다. 보름 후 기대수가 돌아왔고, 아침을 대접했지만 줄 만한 게 없어서 벼 한 말과 간장, 미역을 조금씩 주어 보냈다. 그가 짐을 지고 가는 걸 차마 볼 수가 없었다.

하루는 내가 임천에 있다는 소식을 듣고 여자 종 만화가 찾아왔다. 만화는 첫째 누이가 어렸을 때부터 가까이 두고 마치 자기 자식처럼 아꼈던 아이다. 첫째 누이는 심수원에게 시집가고 서른이 안 된 젊은 나이에 죽었다. 누이가 세상을 떠난 뒤 심수원이 만화를 첩으로 두어 아이를 둘 낳았다. 심수원도 죽자, 만화는 낙안으로 내려가 다른 남편을 얻어

살았다. 난리가 나서 살아갈 방도가 없어졌는데, 상전이 한양에서 벼슬하고 있다는 말을 듣고 남편과 한양으로 가던 중이었다고 한다. 그런데 우리 집 소식을 듣게 되어 찾아왔다고 하니, 뜻밖의 만남이 매우 기뻤다.

막내 누이가 죽다

갑오년(1594) 4월 6일 이른 아침, 태인에 있는 아우 희철에게서 편지가 왔다. 바로 펼쳐 보니 막내 누이가 한양에 가서 전염병에 걸려 죽었다고 한다. 누이가 예산에 있을 때 딸이 병으로 죽어서 마음 아파했는데, 한양에 간 지 오래지 않아 누이마저 전염된 것이다. 이런 난리 중에도 나의 골육들만은 끝까지 살아남기를 바랐다. 비록 한곳에 모여 살지는 못해도 훗날 다시 만날 수만 있다면 더 바랄 것이 없다고 여겼건만, 막내 누이가 이처럼 젊은 나이에 먼저 세상을 떠날 줄은 꿈에도 생각하지 못했다.

막내 누이는 평소에 형제들을 극진하게 대했다. 우리 집에 자식이 많아 곤궁한 것을 늘 걱정해 더욱 신경을 써 주었다. 유독 우리를 먼저 챙겨 주고 먹고 남은 음식이 있으면 넉넉히 주었으며, 간혹 밥을 지어 보내서 아이들에게 나누어 주기도 했다.

또 피란 가던 우리 가족이 강원도에서 정처 없이 떠돌다가 겨우 살아서 아산에 도착했을 때도, 막내 누이는 바로 남자 종과 말을 보내서 예산의 자기 집에 데려다가 스무날 남짓을 머물게 했다. 막내 누이의 그 후한 마음에 대해 처자식들과도 자주 이야기하곤 했건만, 이처럼 인정 많은 누이를 다시는 못 보게 되었다. 살아서는 자주 만나지 못했고, 죽어서는 직접 염하고 시신을 붙잡고서 통곡 한 번 하지 못했다. 가슴과 창자가 찢어질 듯하여 애통한 눈물이 하염없이 흘렀다. 희철의 편지에 막내 누이의 죽은 날짜가 쓰여 있지 않아 언제 죽었는지도 알 수 없었다. 그래서 부음을 들은 지 나흘째 되는 날 이른 아침에 신위(죽은 사람의 영혼을 모실 자리나 그림 등)를 설치하여 향을 피우고 상복을 입는 예를 행했다. 누이의 이른 죽음에 어머니가 무척 마음 아파하신다니 더욱 걱정스러웠다.

전염병에 걸린 부인을 간호하다 죽은 둘째 처남

둘째 처남 이지가 편지를 보냈다. 내가 받은 날짜가 갑오년(1594) 4월 4일이다. 그 편지에는 "제 처가 병으로 몸져누워 고통스러워합니다. 내가 처를 두고 도망가 버리면 간호할 사람이 없어 분명 죽을 것이므로 남아서 처의 몸을 돌보고 있습니다. 저마저 병에 걸리면 결국 죽을 테지요. 누가 나를 돌보아 살릴 수 있겠습니까? 이러한 때에 자식이 없어 탄식이 더욱 깊어지니, 하늘의 부르심을 기다릴 뿐입니다. 종들도 모두 달아나 버렸으니 어찌할 수가 없습니다"라고 쓰여 있었다.

편지를 읽고 둘째 처남 내외가 불쌍하다는 생각이 들기는 했지만, 당시 나는 이 편지를 대수롭지 않게 여겼다. 그런데 그로부터 스무날이 채 지나지 않아서 처남이 죽었다는 소식을 들었다. 한 달도 되지 않아 생사를 달리할 줄 어찌 알았겠는가? 처남의 편지를 받고도 처남이 처한 상황을 심각하게 받아들이지 못했으니, 나의 무심함을 탓할 수밖에 없었다.

전염병이 급속히 퍼져 내 이웃 중에도 많은 이가 죽어 갔다. 임천에서 그래도 정을 붙이고 살 수 있던 것은 백몽진과 김대성, 방수간이 매일 나를 찾아와 같이 바둑을 두면서 타향살이의 무료함을 달랜 덕분이었다. 백몽진과 김대성은 향교에 다니던 교생이었고, 방수간은 윤해와 함께 무자년(1588) 생원시에 합격한 인재였다. 5월에 백몽진이 전염병에 걸려 죽었다는 소식을 들었다. 초여름에는 방수간이 병을 얻어 죽다가 겨우 살아났고 그의 아내는 별세했다. 그런데 곧이어 김대성마저 세상을 떠났다.

고작 반년 만에 사람 일이 이렇게 되어 늘 가까이에서 지내온 사람들을 더 이상 만날 수 없게 되었다는 사실이 좀처럼 믿기지 않았다. 죽은 이들이 내일이라도 술을 들고 나를 찾아올 것 같았다. 그들이 죽었다는 소식을 들으니 함께했던 지난날이 떠오르며 고맙고 아쉬운 마음이 들었다. 그러나 한편으로는 멀지 않은 곳에서 전염병으로 죽었다고 하니 나와 우리 가족에게까지 전염병이 닥쳐올까 꺼려지기도 했다. 이것도 인지상정이라고 나 자신을 위로해야 할까? 이미 죽은 사람의 죽음을 마음대로 슬퍼하지 못하는 이 현실이 마음 아플 뿐이다.

강화협상, 믿었던 명나라가

이여송이 이끄는 명군은 평양성 전투에서 승리했지만 벽제관 전투에서 참패했다. 명나라는 결전이 아니라 협상을 통해 전쟁을 끝내려는 듯했다. 명군이고 왜놈이고 병력 충원과 물자 보급이 쉬운 문제는 아니었을 것이다. 원수 같은 왜놈들을 쓸어 버려야 하는데, 여기서 그친다면 원수를 갚을 방도가 없다.

적장 고니시 유키나가는 다섯 가지 조건으로 명나라 조정과 강화하려 한다고 했다.

첫째, 조선의 네 도를 떼어 줄 것.

둘째, 명나라의 공주를 내려보낼 것.

셋째, 조선의 길을 통해 조공하도록 열어 줄 것.

넷째, 조선의 왕자와 대신을 일본에 인질로 보낼 것.

다섯째, 일본 관백 도요토미 히데요시를 왕으로 봉할 것.

모두 따를 수 없는 조건이다. 그러나 왜놈들은 이를 명나라 조정에 요구하고, 만일 응하지 않으면 군대를 대거 출동시켜 곧바로 명나라로 가려 한다고 한다. 명나라 사신 다섯 명이 나와서 강화를 맺거나 적의 형세와 우리나라의 군사 훈련 및 군량 사정 등을 살필 것이라고 한다.

또 들으니, 갑오년(1594) 4월에 승병 대장 유정(사명대사)이 자신이 금강산 대선사 송운임을 밝히고 적장 가토 기요마사의 진중으로 들어갔는데, 기요마사가 후한 뜻으로 우대하여 열흘 남짓 머물고 돌아왔다고 한다. 유정의 말에 따르면, 기요마사가 유키나가와 공을 겨루어 서로 반목하고 있었는데 히데요시가 유키나가의 모함을 듣고 기요마사의 처자식을 모두 죽였기 때문에 기요마사가 크게 분노해서 조선과 합세하여 거꾸로 히데요시를 치려 한다고 한다.

만일 일이 이렇게만 된다면 조선에는 복이 될 것이다. 그러나 교활하고 간사한 왜적의 말을 믿을 수는 없다. 하물며 히데요시가 기요마사에게 대군을 맡겨 먼 타국에서 적과 대치 중인데, 기요마사의 처자식을 죽인다는 것은 결코 있을 수 없는 일이다. 그래서 나는 그 말을 믿지 않는다.

저들끼리 서로 싸우지 않는다면 조선의 병력으로는 절대

로 대적하지 못할 것이다. 만일 하늘이 순리에 맞게 사는 사람을 돕는다면 반드시 이 일을 이루어 주실 것이다. 어찌 겨우 살아남은 불쌍한 백성을 다시 적의 칼날 아래 두겠는가? 또 어찌 예의의 나라를 내몰아서 오랑캐의 풍속 안으로 밀어 넣을 수 있겠는가? 하늘의 도는 돌아오기 마련이며, 재앙을 내렸다면 반드시 후회하는 때가 있을 것이다. 오직 이것만은 믿을 수 있다.

집을 계속 옮겨도 제대로 살 수 없다

집주인이 들어와 살 것이니 집을 비워 달라고 해서 다시 집을 얻어 이사 갔다. 새집에는 안채와 바깥채가 갖추어져 있었고, 온돌방도 세 개나 되었다. 마당에는 우물과 다듬잇돌이 있고, 사방에 이웃이 있어서 살기에 적당했다. 다만 오랫동안 사람이 살지 않았던 탓에 허물어진 곳이 있고, 지대가 낮고 습하며, 비가 새는 곳도 많았다. 모두 수리하지는 못하고 급한 대로 옮겨 왔다. 집을 옮기기는 했지만, 큰비가 쏟아지면 아궁이에 물이 차 밥을 지을 수 없었다. 점차 날이 추워져 방은 얼음장처럼 찼다. 본격적인 추위가 오기 전에 또 집을 옮겨야겠다는 생각이 들었다.

아픈 아내에게 겨울 수박을 먹이다

12월 추운 날이 이어졌다. 아내가 아픈데 그 증세가 조금도 변함이 없고 앓는 소리가 끊이지 않았다. 매우 걱정스러워 밤에 녹두죽에 월경수를 섞어 세 번 먹였다. 아침에는 감기 기운이 있는 듯해서 두꺼운 이불을 덮고 뜨거운 물이 담긴 항아리를 껴안고 있게 했는데도 여전히 땀을 쭉 빼지 못했다. 끙끙거리며 이불을 뒤집어쓰고 있을 때는 저러다 죽지 않을까 마음을 졸였다.

아내는 꼭 죽을 것처럼 식음을 전폐하고 며칠을 앓더니, 어느 날 아침부터 많이 호전됐다. 눈을 뜨고 말하며 웃기도 했다. 아내의 미소를 보니 근심이 싹 사라지는 느낌이었다. 함열에서 아내가 가장 먹고 싶어 하던 전복과 수박

을 보내왔다. 이 겨울에 수박을 얻을 수 있을까 반신반의
했지만, 함열 현감 신응구가 널리 수소문하여 임피 땅에서
쌀 두 말과 바꾸어 구해 주었다. 전복과 수박 덕분인지 오
후부터 아내의 증세가 크게 좋아져서 저녁내 딸과 이야기
를 나누었다.

조선시대 민간요법

오늘날과 달리 조선시대에는 의사도 약도 모자랐다. 병에 걸렸거나 다쳤을 때 한의사는커녕 침이라도 겨우 놓을 수 있는 사람을 만나면 다행이었다. 상황이 이러니, 집집마다 상비약을 갖추어 둘 수 있는 형편이 아니었다. 그래서 예전부터 전해 내려온 방법이나 주변에서 해 주는 말에 의지해 병을 다스릴 수밖에 없었다.

오희문의 처가 먹은 월경수는 여인의 생리혈이 묻은 천을 물에 풀어 약처럼 사용한 것이다. 당시 사람들은 아마도 핏물이 몸에 들어가면 쇠약한 사람에게 기운을 줄 것이라 생각한 듯하다. 특히 건강한 여자의 첫 월경수를 기혈이 약할 때, 목소리가 나오지 않을 때, 온몸이 아프거나 입맛이 없을 때 특효약처럼 사용하였다.

오줌도 유용하게 쓰였다. 특히 12세 이하 사내아이의 오줌은 비상약으로 여겨졌다. 오줌이 위로 상승하는 기운을

내려 준다고 하여 두통이 극심할 때 주로 사용하였다. 인사
불성이 된 사람에게는 어린아이 오줌에 달걀노른자나 청심
환을 섞어서 먹이기도 하였다.

오희문 역시 막내딸 단아가 극심한 두통에 정신을 차리
지 못하고 횡설수설하다가 팔다리가 모두 차가워지자, 청
심환 한 알을 어린아이 오줌에 섞어 먹였다. 다행히 단아의
증상에 차도가 나타나기는 했지만, 이러한 방법이 언제나
효력을 발휘하는 것은 아니었다.

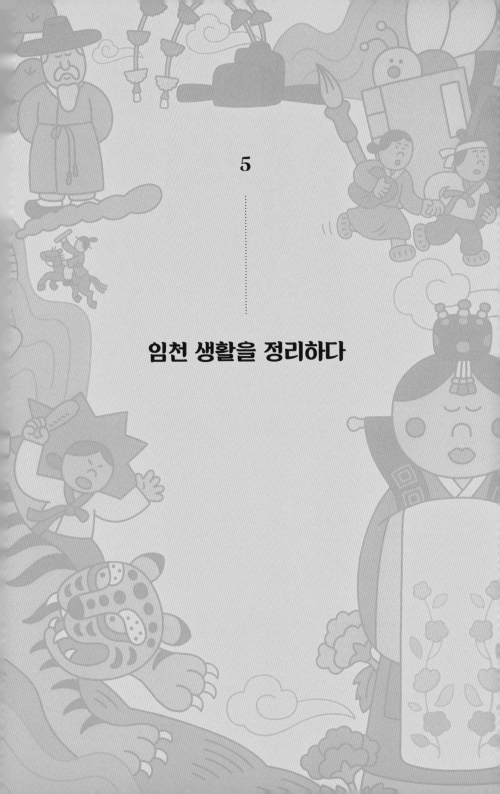

5

임천 생활을 정리하다

그래도 살 만하다

왜놈들이 부산에 상륙해 한양, 평양, 의주로 올라가 전국을 쑥대밭으로 만드는 바람에 농사도 제대로 지을 수 없어, 그 여파가 몇 년을 갔다. 갑오년(1594)까지도 먹을 것이 없어 나뭇잎을 따서 죽을 쑤어 먹거나 나무껍질을 벗겨 먹는 사람들이 많았다. 그나마도 없어 굶어 죽은 시체가 들판을 채웠다. 을미년(1595) 들어서는 형편이 조금 나아졌다. 지난해(1594)에는 논밭이 황폐했는데 지금은 모두 논밭을 일구어 씨를 뿌리니, 백성의 살림살이가 지난해보다 나아졌다. 씨를 뿌려 제대로 거둘 수 있다면 백성도 소생하고 나라의 곳간도 넉넉해지리라.

맏사위 신응구가 탐관오리라고?

함열 현감 신응구는 이제 우리 맏사위가 되었다. 그러나 그가 부인의 초상을 치른 지 얼마 되지 않아 큰딸과 혼례를 하고 싶다고 했을 때, 나는 잠깐이지만 그를 의심했다. 그도 그럴 것이, 큰딸에게는 첫 번째 혼례였으나 신응구에게는 세 번째 혼례였기 때문이다. 또한 그간 신응구가 보여 준 호의가 모두 큰딸을 염두에 두고 한 일인가 하는 생각도 들었다. 그러나 그랬으면 어떤가? 지금은 내 맏사위가 되었는데. 그는 듬직하게 늘 옆에서 우리 집의 부족한 것을 채워 주었다. 어려운 시기에 맏사위가 없었다면 밥도 못 먹었을 것이다. 게다가 우리 집 사정을 속속들이 아는 큰딸이 우리 내외와 어머니에게 맛난 것을 보내 주는가 하면, 내가 차마 말하지 못하고 끙끙거릴 때 적절하게 우리에게 필요한 것들을 보내 주었다. 사위가 기운이 편치 않다고 하면 얼마나 걱정이 되던지….

나에게는 없어서는 안 될 맏사위지만, 남포에 논과 집을 산 일을 들먹이며 그에게 그릇되고 경솔하다고 말하는 이들이 있었다. 남원 부사를 지내고 글도 잘 쓰던 이복남이 신응구를 비방하며 조롱하는 시를 지어 사람들 입에 오르내리게 된 것이다. 그는 임천에서 오래 살며 한때 사위와 함께 공부했지만, 성품이 교만하고 사대부를 멸시하곤 했다.

큰아들 윤겸, 강원도 평강 현감이 되다

윤겸은 24세에 사마시에 합격해 성균관에 들어갔다. 31세에는 전강에서 장원을 차지해 세종대왕이 묻힌 영릉 참봉에 임명되었다. 또한 세조 임금의 초상화를 모신 봉선전 참봉을 지냈다. 34세가 된 임진년(1592) 8월에는 충청과 전라의 도체찰사 인성부원군 정철의 종사관이 되었다. 을미년(1595)에는 왕세자 광해군을 호위하는 세자익위사의 시직으로 있다가 부솔, 위솔로 승진했고, 7월에는 강원도 평강 현감에 임명되었다. 평강은 왜적의 분탕질이 심해서 남아 있는 백성이 별로 없는 궁핍한 곳이라는 소문을 들었는데, 이 어려운 시기에 윤겸이 그곳의 현감이 되어 무척 걱정했다. 하지만 신하로서 벼슬의 좋고 나쁨을 따질 수 없고, 가족의 끼니를 해결하기 위해서라도 어쩔 수 없는 일이라고 생각했다. 평강의 아전은 서리 스무 명, 현감의 잔심부름을 하는 통인 일곱 명, 의생과 율생 네 명, 관아의 남자 종 열세 명, 관아의 여자 종 열일곱 명으로 규모가 넉넉하지는 않았다. 하지만 궁벽한 고을에서 부리기에는 충분할 것이다.

괘씸한 요놈들

고양이가 자꾸 우리 집 병아리를 물어 가길래 닭장을 좀 더 견고히 했다. 그런데 고양이만 병아리를 물어 가는 것이 아니었다. 암탉이 병아리 네 마리를 깠는데, 두 마리는 강아지가 물어 가고 한 마리는 솔개가 채 갔다. 겨우 메추라기만

한 병아리 한 마리만 남았건만, 그마저도 또 솔개가 채 가서 끝내 한 마리도 기르지 못하게 되었다.

어떤 사람이 논의 벼를 베면서 주먹보다 작은 거북이를 잡았다기에 내가 얻어다 막내딸 단아에게 주었다. 단아는 조그만 그릇에 거북이를 넣어 여러 날 길렀다. 그러나 그릇이 너무 작아 거북이가 계속 살기는 어려워 보였다. 곧 죽을 듯해 소매 속에 숨겨 데리고 나와 못에 놓아주었더니, 물 한가운데로 가기도 전에 모래 속에 몸을 감추었다. 제 살 곳을 찾아 준 듯해 흡족했지만, 단아가 섭섭해할 것 같아 미안했다.

쥐들은 왜 그리도 설치는지, 어디를 가도 쥐가 없는 곳이 없었다. 저들도 먹고살려는 것이겠지만, 없는 살림에 쥐들의 극성은 횡포에 가까웠다. 둔답의 벼 마흔 단을 쌓아 두었다가 설을 쇤 뒤에 쓰려고 했다. 그런데 쥐 떼가 날마다 갉아먹어 어쩔 수 없이 눌은개와 그 어미, 오라비를 시켜 벼를 거두게 했다. 그랬더니 두 가마니 반이 나왔다. 열세 단이나 거두지 못한 것이다. 주변에 고양이가 없어 쥐들이 날뛰니, 그 괴로움을 견딜 수 없어서 방에도 덫을 설치했다. 가을 이후에 잡은 쥐가 스무 마리이고, 봄과 여름 사이에 잡은 것이 서른한 마리였다. 어디서 그렇게 들어오는지 끝도 없이 나타났다.

　뒤편 처마의 두꺼운 지붕에서 참새 떼가 새끼를 기르니, 참새 새끼를 잡아먹으려고 뱀들이 자꾸 모여들었다. 참새들이 하도 시끄럽게 울어 창문을 열고 올려다보니, 뱀이 처마 끝에 걸려 있었다. 혹시나 뱀 때문에 사람이 상할까 봐 덕노를 시켜 죽이게 했다. 그러나 독사가 한 마리만이 아니었다. 그다음 날에도 새 둥지를 더듬어 새끼를 삼킨 뱀이 처마 끝에 걸린 것을 윤성이 죽였다. 먼저 죽인 놈보다 배는 컸다고 한다. 그런데 또 다음 날, 윤해가 아침에 일어나 보니 중간 크기의 뱀이 참새 새끼를 물고 땅에 떨어져 있어 사람을 시켜 때려죽이도록 했다고 한다. 모두 얼룩무늬 독사였다.

뭔가가 자꾸 없어진다

　나와 늘 함께 지내며 수발을 드는 종놈들을 믿을 수가 없었다. 그들에게 심부름을 시켜 가져오는 물건들을 보면 원

래 말했던 중량에서 턱없이 모자라곤 했기 때문이다. 하루
는 명복이 베갯모를 팔아서 벼 여덟 말, 콩 세 말 다섯 되를
얻어서 짊어지고 왔다. 다시 확인해 보니 한 말이 모자랐다.
그놈이 훔쳐 먹은 게다. 어느 날 명복을 함열에 보냈다. 함
열 현감 신응구가 쌀 세 말, 생준치 두 마리, 꿀 다섯 홉, 녹
두 한 되를 보냈는데, 쌀은 줄어든 데다가 준치와 꿀은 길
가던 사람에게 빼앗겼다고 한다. 어두워져서 돌아온 걸 보
니 틀림없이 고기를 찌고 밥을 지어 먹은 게다. 병을 앓는
집에서 꿀을 구하는 경우가 많을 것이니, 분명 도중에 팔아
서 쓰고는 빼앗겼다고 핑계를 댄 것일 게다. 윤해의 처와 윤
성이 아파서 이것들로 죽을 쑤어 먹이려고 했는데, 잃어버
렸다는 핑계에 더 화가 치밀어 올랐다. 그렇지만 어쩔 수 없
었다.

명복뿐 아니라 막정과 송이, 심지어 춘이 등 여자 종들
도 곡식처럼 양이 제법 되는 것을 가져올 때면 자기 몫을
조금씩 챙겼다. 그러고는 원래 그렇게 받았다는 듯이 말
한마디 안 하고 가져다 놓았다. 한술 더 떠서 중간에 잃어
버렸다느니 빼앗겼다느니 하며 갖은 핑계를 댔다. 분명 훔

친 것일 텐데도 확실하게 증명할 방도가 없으니 화만 날 뿐이었다.

가끔 종자를 훔쳐 가는 놈도 있었다. 하루는 한복이라는 놈에게 율무밭의 두둑에 찰수수 한 되를 심게 했다. 그런데 그놈이 고랑 하나에만 씨를 심고는 씨가 거의 떨어졌다고 말했다. 필시 씨를 훔쳐다가 제 밭에 심었을 게다. 우리 논밭에 씨를 모두 뿌렸다고 했으나, 싹이 난 곳이 아주 드물었다. 그놈이 씨를 훔쳐 간 것이라고 생각할 수밖에 없었다.

내 말의 치료 값은 술 한 잔

먼 길을 가든 가까운 길을 가든, 밖에 나갈 때는 언제나 말이 있어야 한다. 그래서 말이 아프지 않도록 제때 끼니를 챙겨 주고 돌보는 일이 무엇보다 중요하다. 남자 종이 아프면 말을 제대로 돌볼 수 없으니, 그것도 골칫거리였다. 마침 막정이 아플 때 이웃 사람이 말에 꼴을 먹여 그 똥으로 밭에 거름을 내기 위해 반점이 있는 말을 빌려 달라고 했다. 막정이 아파 말먹이가 걱정이던 차에 감사하고 감사할 일이었다.

말이 아플 때 부를 만한 마의가 우리 고을에는 없어, 늘 한산 땅에서 마의를 불러왔다. 그는 본래 갓장이(갓을 만드는 사람)지만 말이 어디가 불편한지 잘 알고, 증상에 따라 말에게 침을 놓을 줄도 알았다. 그가 말을 봐 줄 때마다 사례로 술 한 잔을 주었다.

송이와 분개, 막정의 삼각관계

막정은 충직한 종이었건만, 우리 집에 온 지 37년이 되던 해(1595)에 51세로 병에 걸려 죽었다. 그의 처 분개가 송이와 바람이 나 도망갔기 때문이다.

송이는 한마디로 말하기 쉽지 않다. 갑오년(1594) 3월에는 부모와 형제들을 만나러 청양에 다녀온다고 하고는 10월이 되어서야 돌아왔다. 나는 그사이 속이 무척이나 타. 그가 돌아오면 가만두지 않으리라 별렀다. 그러나 송이가 막상 돌아오니, 집안에 부릴 남자 종이 없던 터라 기쁘고 안도감이 들어 그를 벌하지 않았다. 그렇게 오래 걸린 이유를 물었더니, 청양에서 전염병에 걸렸는데, 설상가상으로 아비가 병들어 죽은 까닭에 가을을 기다려 아비를 매장한 뒤에 돌아온 것이라고 했다. 분명 그럴듯한 거짓말이었겠지만 믿을 수밖에 없었다.

송이는 잔꾀가 많아 병을 핑계로 농사일에도 제대로 힘을 쓰지 않았다. 그러던 중 막정의 처 분개와 바람이 났다. 송이와 분개는 을미년(1595) 봄부터 몰래 간통을 해 왔고, 급기야 함께 도망가려다가 발각되었다. 그 뒤 얼마간 얌전한 듯했으나, 기어이 다시 도망가고 말았다. 나는 분함을 참지 못하여 훗날 둘을 붙잡는다면 죽이고 용서치 않으리라 다짐했다.

학질을 앓고 있던 막정은 처가 도망갔다는 말에 곡기를 끊었다. 내가 믿었던 막정은 분개가 송이와 도망간 뒤로 오히려 나를 원망하며 집안일을 돌보지 않고 말도 듣지 않았다. 그는 달아날 궁리만 하다가 병에 걸려 걸을 수 없게 되었고, 결국 병세가 위중해져 죽었다. 괘씸하여 죽어도 아까울 것 없다고 생각했지만, 한편으로는 얼마 전까지만 해도 나에게 충실했던 막정이 타향에서 죽었다는 사실이 애통했다. 비록 종이었지만 막정은 나에게 더할 수 없이 중요한 존재였다. 도망치다 잡힌 분개를 다시 만났을 때 막정이 얼마나 기뻐하던지. 한편으로 그의 정이 우습기도 했지만, 사람에 대한 그의 충심이 느껴져서 더 미더웠다. 그는 분개가 결국 도망간 뒤 모든 것이 무너졌다고 느꼈는지 식음을 전폐하고 죽어 버렸다. 건강하던 한 인간이 순식간에 저세상으로 가 버렸다. 나는 특별히 관을 준비해서 막정을 양지바른 곳에 묻어 주고 술과 과일을 마련해 제사를 지내 주었다. 그래야 그의 영혼이나마 조금은 위로를 받을 수 있을 것 같았다.

막정은 분개가 근본을 어지럽히고 몰래 송이를 꾀어 도망치자 속을 끓이다가 병이 나서 죽은 것이다. 한 여자 종이 집안을 어지럽혀 의지하던 두 남자 종 가운데 하나는 도망가고 하나는 죽어서 집안에 부릴 놈이 없어졌으니, 분개가 뼈에 사무치도록 미웠다.

막정에게는 평양에 논밭이 있었다. 그것을 팔았더니 무명 스무 필, 검푸른 무명 두 필, 검푸른 새 철릭(한복의 일종)

한 벌, 큰 암소 한 마리나 되었다. 어려운 형편에 횡재를 만났다. 막정은 살아서나 죽어서나 우리 집에 많은 이로움을 주었다. 그래서 종들의 기일에 제사를 지내는 것은 좀처럼 없는 일이지만, 그의 기일에는 특별히 제사를 지내 주었다.

3년 동안 집안에서 심부름하던 늙은 노비들이 모두 여기에서 죽어 묻혔다. 계사년(1593) 가을에 여자 종 동을비, 갑오년(1594) 겨울에 여자 종 열금, 올해(1595)에는 남자 종 막정이 또 같은 곳에서 죽었다. 그런데 열금이 죽은 날이 지난해 12월 15일 꼭두새벽이었는데, 막정이 죽은 날 또한 올해 12월 15일 초경(저녁 7~9시)이니 매우 괴이한 일이다.

막정의 목소리

내 사랑이 떠나니, 나도 세상을 떠난다

나는 평안도 출신이다. 열네 살 때 주인집에 들어와 마치 주인어른의 손발처럼 성실하게 일했다. 예쁜 내 각시 분개와는 어릴 때 주인집에서 만났다. 난 처음부터 분개가 좋았고, 그저 분개만 곁에 있으면 아쉬울 게 없었다. 우리는 딸만 둘 낳아 살았다. 종 주제에 아들딸 구별할 필요가 뭐 있을까? 아들을 낳으면 또 나처럼 주인을 위해 뼈 빠지게 일만 할 텐데. 차라리 아들이 없는 편이 좋다.

그놈의 송이와 분개가 일을 내기 전까지는 그럭저럭 잘 살고 있었다. 둘은 지난봄부터 눈이 맞았나 보다. 내가 주인어른의 조카 심열 현감이 계신 양덕으로 떠났다가 돌아오기까지 두 달 동안 집을 비웠는데, 그 뒤부터 부쩍 분개가 내 눈치를 보았던 것 같다. 내가 함열에 들렀다가 배를 놓쳐 하루 늦게 돌아왔을 때도 분개에게서 이상한 기색이 보였다. 분개와 송이가 사람들 입에 오르내리면서 나도 점점 둘을 의심하기 시작했다. 결국 8월 7일, 분개와 송이가 도망가려다 발각됐다. 그날 나는 주인어른 일로 나가 있었다. 알고 보니 둘은 이 틈에 도망갈 계획을 세워 둔 상태였다. 주인마님이 김새를 알아차리고 우리 방에 들어와 보니, 분개가 이미 자신의 짐을 빼돌린 뒤였다고 한다. 주인어른은 분개를 잡아다가 규방에 가두고 밖의 문을 모두 잠근 뒤에 밤에 도망가지 못하도록 감시하게 했다. 송이 그놈도 대단하다. 정

말 분개를 사랑하는 것일까? 간밤에 송이가 규방 밖에 와서 구들장을 파내 분개를 데려가려다 실패했다. 주인어른은 큰따님에게 부탁해서 분개를 데려가 관아에 가두었다.

이 일을 전해 듣고 분이 삭지 않았다. 밥을 먹을 수도 잠을 잘 수도 없었다. 내 신세가 처량해 눈물이 났다. 어찌하다 내 각시를 남에게 빼앗겼나? 분개는 내가 싫어 송이에게 간 것일까? 무엇을 바라고 간 것일까? 송이의 그 허세와 뺀질거림? 도대체 뭐가 마음에 든 것일까?

분개가 관아에 갇힌 지 근 이레 만에 함열로 가 분개를 데려왔다. 분개를 데리고 오기 전날까지만 해도 그리도 서러웠는데, 분개를 보는 순간 괜히 신이 나고 힘이 솟는 것 같았다. 도망가려던 분개가 더 이상 밉지 않았고, 내 옆에 있다는 사실만이 중요했다.

그런데 한 달도 안 되어 분개가 송이와 다시 도망갔다. 9월 2일 밤이었다. 그 소식을 듣고 옆에 있던 사람들에게는 큰 소리로 떠들어 대면서 욕했지만, 사실 이제는 분개가 밉지 않다. 제 살길을 찾아갔겠지. 남들은 이해하지 못할 게다. 주인어른도 어이없어하시는 것 같다. 나랑 사는 게 뭐

가 재미있겠는가? 나는 일밖에 할 줄 모른다. 내가 분개를
얼마나 좋아하는지 제대로 표현 한 번 못 했다. 내 신세가
처량하고 한탄스러울 뿐이다.

분개가 도망가기 전에 걸린 학질이 떨어지질 않는다. 그
와중에 먹지도 않아서 힘도 없다. 주인어른은 "너 죽을 거
냐? 뭐라도 먹어야지, 여자가 뭐라고. 맘에 드는 색시 하나
또 얻으면 되지, 얼른 잊어버리고 몸이나 빨리 회복하거라"
라고 말씀하셨다. 며칠째 방 안에만 있으니, 주인어른은 계
속 성화였다. 나는 주인어른을 원망하지 않는데 "네 각시가
도망간 것이 내 탓이냐? 왜 며칠째 코빼기도 보이지 않느
냐"라고 말씀하시기도 했다.

12월 들어 점점 더 기력이 빠지고 병세가 심해진다. 평소
건강했는데, 분개가 도망간 뒤 삶에 대한 의욕도 버렸다.
내 평생 분개와 함께 산 것이 가장 큰 행복이었건만, 두 딸
도 분개를 따라가 버렸다. 평양에 내 논밭이 있는데, 이제
내가 죽으면 어찌 되는지 모르겠다. 이제 나에게는 의미가
없다. 나는 올해를 못 넘길 것 같다. 내가 죽으면 주인어른
은 잘 죽었다고 하실까? 분개의 그 고운 얼굴이 떠오른다.

금쪽같은 손주들

딸과 아들 중 누가 더 소중한가? 열 손가락 중에 안 아픈 손가락이 없듯이 내게는 모두 소중하고 사랑스럽다. 그렇지만 자식들이 딸을 낳으면 왜 그리 섭섭한지. 아들은 출세를 하기 때문일까? 윤겸의 처가 해산을 했는데 또 딸이라 하니 자꾸 탄식이 나왔다. 그렇게 아들 낳기를 바랐는데 헛된 기대가 되었다. 다음에 아들을 낳으면 될 일이지만 불행하다는 생각이 쓸데없이 들었다.

큰딸이 혼례를 올린 지 1년 6개월이 지나 병신년(1596) 1월 26일 해시(밤 9~11시)에 몸을 풀어 남자아이를 낳았다. 사위 신응구는 감기로 오랫동안 일어나지 못하다가 득남했다는 말을 듣고 몹시 기뻐했다. 아기의 이름을 중진이라고 지었다. 관아의 안채에 들어가 젖먹이를 보았다. 안아서 무릎 위에 앉혔더니, 아기가 눈을 맞추며 소리 내어 웃었다.

황해도 해주에 사는 윤해의 아들 충아가 『시경』의 3장을 암송하고 「사미인곡」을 노래하며, 한 번 들은 문자는 잊어버리지 않는 등 총명하고 재능이 남다르다고 한다. 그의 외조부가 내게 편지를 보내면서 이 아이의 남다른 재주를 크게 칭찬했다. 항상 보고 싶은 마음이 간절했는데, 한양에 잠시 다녀올 때 율전에 있는 윤해의 집에서 충아를 보니 듣던 대로 크고 씩씩했다. 나를 보고는 부끄러워하며 숨어서 나오지 않는 모습이 우스웠다.

아내가 피부병에 걸려 초정 약수에 가다

아내가 한 달 전부터 온몸이 가려워 계속 긁어 대면서 초정(톡 쏘는 맛의 물이 나오는 우물. 눈병이나 피부병을 낫게 한다는 속설이 있음)에서 목욕하고 싶어 하기에, 성 북쪽 십 리 밖에 있는 초정으로 데리고 가서 두 번 목욕하고 돌아왔다. 아내의 목욕을 위해 이른 아침에 군수에게 편지를 보냈다. 편지를 받은 군수가 남자 종에게 볕을 가리는 장막을 가져다가 치게 하고, 다른 사람의 출입을 금해 주었다.

군수와 그 부인도 사흘을 내리 가서 목욕하여 제법 효험을 보았다고 했다. 뭐 군수 부부뿐이랴! 예부터 초정은 피부

병에 특효약이라 세종 임금과 세조 임금도 이곳을 찾지 않았던가? 다음 날에도 아내는 목욕을 가고 싶어 했다. 옥춘, 분개, 강춘, 복이 등 여자 종들도 간절히 원했기에 모두 함께 목욕하러 갔다. 연이어 이틀을 갔다 온 뒤 가려움증이 3분의 2나 줄었다. 다만 땔나무가 없어서 구들을 따뜻하게 하지 못해 땀을 내지 못한 지 이미 오래라, 아내의 기운이 매우 편치 않고 다리의 힘이 약해졌다고 하니 걱정스러울 뿐이다.

병란 소문에 짐을 꾸리다

병신년(1596) 4월 10일 변경에서 위급한 소식을 세 번이나 전하기에, 즉시 군으로 들어가 군수를 만났다. 동래와 양산에서 온 급보에 따르면, 명나라 군사가 난데없이 석교로 나와 주둔했고 뒤따라 적장 가토 기요마사의 군사가 쏟아져 나왔다고 한다. 그래서 이곳 민심이 떠들썩해져 각자 전쟁을 피해 달아날 계획을 짰다. 그러나 우리는 종 하나에 말 한 필밖에 없고 갈 곳도 없어 짐을 꾸리지 못했다.

얼마 뒤에 맞사위 신응구에게 그간의 사정을 들었다. 그의 말에 따르면 지난 4일 밤에 일어난 일은 명나라 사신이 가토 기요마사와 함께 술을 마시다가 명나라 중에게 속아서 몰래 도망쳤는데, 어디로 갔는지 알 수 없어 명군과 기요마사 휘하의 군사들이 그를 찾아 나섰던 것이라고 한다. 이 일이 동래와 양산 두 고을에 알려져 민심이 소란해졌던 것이다.

이후 순찰사가 여러 고을에 명을 내려 민심을 안정시켜 근처 고을이 차츰 진정되었다고 한다. 그러나 그 말을 사실로 믿었던 사람들은 가지고 있던 재물을 가치도 따지지 않고 가벼운 물건으로 바꾸었다. 심지어는 간장 항아리까지 기울여서 이웃 마을 사람에게 나누어 주었는가 하면, 보리 이삭을 다 베어 소와 말에게 먹인 사람도 있다고 한다. 참 우습게 되었다. 우리가 미처 피란을 준비하지 못한 것이 이번에는 오히려 다행이었지만, 또 왜적이 급작스럽게 밀어닥친다면 어떻게 될지 상상만 해도 무서웠다. 큰아들이 있는 평강으로 가라고 권하는 사람도 많았다. 아무래도 왜놈들이 들이닥치면 이곳보다 좀 더 북쪽이 나을 것이므로, 슬슬 임천 생활을 정리해야 하나 생각도 들었다.

막내아들 윤성의 혼례

병신년(1596) 5월 1일 저녁에 김경과 함께 윤성의 혼사를 상의했다. 김경은 윤겸의 친구로, 전란이 일어난 초기에 피란해 임천에서 가까이 지내던 사람이다. 소문을 자세히 들어 보니 그의 딸이 사리에 밝다고 해서 나는 꼭 혼사를 맺고 싶었다. 그러나 궁핍해서 혼수를 제대로 갖추는 것은 고사하고 소소한 일조차 처리할 방도가 없으니 답답했다. 다행히 맞사위 신응구가 혼례와 관련한 모든 일을 준비해 준 덕에 무사히 혼례식을 준비할 수 있었다.

14일에는 윤해가 동생의 혼삿날에 맞추어 달려왔다. 반년 만에 만나니 온 집안이 기뻐했다. 22일에는 윤성이 혼례복을 빌려 가지고 해가 기울어 집으로 돌아왔다. 그런데 빌려 온 옷이 모두 짧고 좁아 입을 수가 없어 참으로 답답했다.

혼례 전날에는 혼사가 걱정될 만큼 비가 많이 내렸다. 아침 식사 뒤 혼례식 준비로 복잡한 마음을 달래고자 이웃에 사는 별좌 이덕후의 집으로 갔다. 이덕후의 집에 다다르니, 이덕후 형제가 모두 집에 있다가 나를 정자 위로 맞아 주었다. 함께 이야기를 나누며 벽향주를 마시고 낮잠을 잤으나, 비바람이 크게 일어 조금도 쉴 수가 없었다.

얼마 후 집으로 가려는데, 비바람 때문에 강을 건너기 힘드니 다음 날 아침에 떠나는 게 어떠냐며 다들 나를 만류했다. 그러나 다음 날이 혼삿날이라 어떻게든 배를 빌렸다. 빗줄기에 옷이 온통 젖고 배가 흔들려 두렵고 정신이 없었지만, 간신히 강을 건넌 뒤 말을 달려 함열에 당도했다. 맏사위 신응구와 김경이 신방에 모여 앉아 내가 오기를 기다리고 있었다.

29일, 혼삿날 아침에는 큰비가 쏟아졌다. 오후가 되어 비는 그쳤으나, 자욱한 안개는 걷히지 않았다. 점심 식사 뒤에 맏사위와 함께 처가댁에 윤성을 장가보내러 갔다. 일행과 신랑 모두 비옷을 갖춰 입어야 했다. 관아에서 제공한 과일을 중간에 내놓고 술잔을 돌려 혼례를 마쳤다.

다음 날 느지막이 사돈집에서 찬을 갖추어 먼저 소주 한 항아리, 수단 한 동이, 절편 한 상자, 약과 한 상자, 건어 한 소반, 앵두 한 소반, 영계 세 마리를 보내왔고, 관아에서도 술과 국수를 보내왔다. 짐을 이고 온 사람들에게 쌀 세 말을 주고 나누어 쓰도록 했다.

오후에 신부가 들어왔다. 나는 맏사위와 윤해와 함께 들어가서 신부를 보고 난 다음에 잔치를 벌였다. 참석한 사람은 아내와 안채 식구들, 처가댁, 맏사위의 두 첩뿐이었다. 사돈 부인에게 잔치에 올 것을 간절히 청했으나 오지 않았다. 저녁에 신부가 돌아갔다. 모든 일이 잘 준비되어 난리 중의 사람들 같지 않았으니, 사돈이 된 김경의 힘이다. 신부의 행동거지를 보니 결코 어리석고 용렬하지 않을 것 같았다.

북쪽으로 이사 가다

온 집안 식구가 올해(1596) 안에 임천을 떠나기로 했다. 만약 여의치 않으면 1년 더 머물며 농사를 지어 곡식을 저축해서 가을을 났다가, 광주 토당의 선영 아래에 먼저 초가집을 지어 돌아갈 곳을 마련한 뒤 온 식구가 올라갈 계획이었다. 그러나 사람의 일이란 어긋나는 수가 많다. 조정이 다사다난할 뿐만 아니라 흉악한 도적들이 아직도 변경에 있으니, 내년에 또 무슨 일이 일어날지 알 수 없었다. 배고픔과 추위를 함께 돌보아야 할 아우 희철 일가와 함께 늙으신 어머니를 오래 모시고 싶었으나, 일의 형세가 이와 같아서 희철이 먼저 어머니를 모시고 한양으로 돌아갔다.

막상 떠나려니 날이 유독 추워지고 눈이 그치질 않았다. 게다가 단아가 아파 걱정이 컸다. 떠나기 전에 남포로 가서 맏사위 신응구와 큰딸, 손주 중진을 만났다. 이 집도 설을 쇠고 황해도로 간다고 하니, 언제 또 만날지 기약할 수 없었다. 마음이 울컥해 눈물을 훔치며 떠나왔다. 일가가 움직여야 하니 준비를 단단히 해야 했다.

드디어 12월 20일, 임천을 떠났다. 아침부터 이웃들이 찾아와서 먼 길 떠나는 우리를 배웅했다. 아픈 단아는 조그만 가마에 휘장을 치고 담요를 깔아 타게 했다. 나는 군수가 빌려준 관아의 말을 타고 가다가 짐짝이 기울어 말이 휘청하면서 말에서 떨어졌다. 다치지는 않았으나 뭔가 쉽지 않은 여정을 예고하는 듯해 걱정이 되었다. 떠돌다가 임천에 와서 산 지 벌써 4년이나 되었다. 이제 비로소 북쪽으로 돌아가게 되니, 출발을 앞두고 모두 슬퍼했다.

양반의 재산, 노비

조선시대 노비는 양반집의 주요 재산 중 하나였다. 주인 집에 살면서 마치 주인의 손발처럼 일하는 노비가 있었는 가 하면, 다른 지역에 거주하며 정기적으로 주인에게 신공, 즉 곡식 등의 물품을 바치던 노비가 있었다. 노비가 신공을 제때 내지 못할 경우, 주인이 노비가 사는 곳까지 직접 찾아 가 신공을 걷어 오기도 했다. 오희문도 지방에 있는 노비들 의 신공을 걷으러 남쪽 지방으로 내려갔다가 미처 돌아오 지 못하고 장수에서 전쟁을 맞았다.

노비 신분은 대물림되었다. 노비 중에는 주인의 심복으 로서 영리하게 일을 처리하는 노비들도 있었지만, 일이 고 되고 먹고 살기가 힘들어서 혹은 다른 노비와 눈이 맞아서 도망가는 노비들도 종종 있었다. 이들 중에는 주인집에서 곡식이나 소, 양 등을 훔쳐 달아나는 이들도 있었다. 노비는 양반에게 중요한 재산이어서, 양반들은 도망간 노비를 잡아 오기 위해 관아의 힘을 빌리기도 했다. 도망갔다 잡힌 노비들은 심하게 매를 맞는 등 엄한 형벌에 처했다.

오희문에게 노비는 손발과 같았다. 오희문과 같은 양반의 경우 노비 없이 외출하기도 쉽지 않았고, 밥도 제대로 해먹지 못했다. 심지어 양반들은 차가운 방구석에서 오들오들 떨더라도 스스로 불을 때지 않았다. 양반에게 노비는 가까이에서 생사고락을 함께하는, 없어서는 안 되는 존재였다. 그럼에도 대부분의 양반은 노비를 그저 재산으로 여기며 필요에 따라 사고팔았다. 양반들은 노비를 거래할 때 증인을 세워 노비 매매 문서를 쓰고, 관아에서 사실 관계를 확인하는 문서를 받았다.

6

막내딸의 고통

아산에 한 달 동안 머물다

병신년(1596) 12월 20일에 임천을 떠나 예산을 거쳐 아산에 도착했다. 정월 초하루에는 이시열의 어머니가 자릿조반으로 떡국을 만들어 우리 일행에게 주었다. 우리도 따뜻한 밥을 지어 노비와 평강에서 온 사람들에게 각각 밥 한 그릇과 술 한 동이를 주었다. 추운 겨울이고 변방의 소식도 좋지 않아 서둘러 북쪽으로 올라가려 했지만, 막내딸 단아가 계속 아파 더 이상 갈 수가 없었다. 단아가 조금만 차도를 보이면 출발하려 했지만 다시 증세가 악화되어 쉽게 떠나지 못했다. 며칠 되지 않았는데 양식과 반찬이 모두 떨어져 부득이 남자 종 갯지를 결성으로 보내 양식과 간장을 가져오게 했다. 윤해의 남자 종 춘이도 율전으로 보내 대추와 패랭이를 쌀로 바꾸도록 하여 양식을 마련했다. 말먹이도 걱정이었는데, 어린 시절 친구 윤종이 쌀과 말먹이 풀을 여러 차례 보내 주었다. 그는 앓고 있는 단아가 맛보고 싶어 한다는 말을 듣고 모과도 계속 보내 주었다. 지나는 길에도 고마운 사람이 이렇게나 많았다.

1월 5일은 아내의, 14일은 단아의 생일이었다. 평소라면 자신의 생일이라고 기뻐했을 텐데, 병으로 괴로워 날짜 가는 줄도 모르는 막내딸을 보자니 안타깝기 그지없었다. 그러던 중, 아픈 사람의 길일을 가려서 깨끗한 쌀 세 되로 밥을 지어 그릇 세 개에 나눠 담고, 정화수 한 그릇에 백지 한 장으로 깃대 다섯 개를 만들어 늘어놓은 뒤, 징을 치고 경을 외워 빌면 효험이 있다는 말을 들었다. 허무맹랑한 일인 줄 알지만, 단아의 상태가 걱정스럽고 급박해 지푸라기라도 잡는 심정으로 근처 암자에서 중을 청했다. 중이 말하길 17일이 길일이라고 하여 그날 새벽에 기도하도록 했고, 19일 저녁에 다시 그 중을 불러 독송하게 했다.

　기도가 효험이 있었는지, 단아의 증세가 점점 차도를 보였다. 두통을 호소하기는 했으나, 그다지 심하지는 않았다. 이 정도면 괜찮을 듯하여 1월 24일에 아침을 먹고 다시 출발했다. 진위를 거쳐 다음 날 율전에 있는 윤해네 집에 도착했다.

단아의 목소리
내가 아파 죽으려나 보다

　내 이름은 숙단. 모두 내 이름 끝 자를 따 단아라고 부른다. 나는 나를 무척이나 예뻐하시는 아버지가 참 좋다. 아버지가 밖에 나갔다 돌아오시면 누구보다 먼저 아버지를 맞이해 옷을 벗겨 드리곤 했다.

　난 어머니를 닮아서인지 몸이 약해, 한번 학질이 들면 잘 떨어지지 않았다. 늘 병을 달고 살긴 했지만, 그날은 평소보다 훨씬 무시무시한 귀신이 찾아왔다.

병신년(1596) 9월 스무날(20일) 밤의 일이다. 그동안 고통스러웠던 적이 무척 많았지만, 이상하게도 그날의 고통만은 잊을 수 없다. 날이 어두워질 무렵 갑자기 머리가 터질 듯이 아팠다. 참을 수 없어서 뒹굴며 구토를 했다. 어머니는 내가 귀신에게 씐 것 같다고 말하며, 늘 그랬던 대로 밥을 지어 귀신을 물리치려 했으나 아무런 효험이 없었다.

그날 이후 일어나기가 어려웠다. 며칠 동안은 조금 나아지는 기미도 있었지만, 그 귀신은 나를 가만두지 않았다. 머리를 묶은 채 여러 달 누워 있었다. 머리에 이가 득실거리고 부스럼이 가득해 가려워 죽는 줄 알았다. 어머니가 종기 난 자리의 머리카락을 자르려 했지만, 머리카락이 대부분 빠지고 몇 가닥 없어 그나마도 애처로운지 그냥 두셨다. 하루는 어머니와 아버지가 내 머리를 감기고 몸을 씻기다가 깡마르고 쇠약한 내 몸을 보시고는 불쌍하다며 계속 눈물을 흘리셨다. 아프고 정신이 혼미했지만, 괴롭고 힘들어하는 두 분의 모습을 보며 나도 눈물을 흘렸다.

나의 아픔을 무엇에 비유할 수 있을까? 이 고통은 어떤 말로도 다 표현할 수 없다. 목이 붓고 아픈 것은 예사였다.

눈알을 후벼 파는 듯한 통증이 자주 찾아왔고, 종종 머리가 깨질 듯이 아팠다. 배가 붓고, 호흡이 짧고 가빠져 정신이 희미해지고 가슴이 답답해지는 때도 많았다. 내 증상이 위급해지면 아버지는 청심환과 소합원을 아이 오줌에 섞어 먹이셨다. 달걀노른자와 오줌을 섞어 주실 때도 있었다. 그걸 먹으면 가끔은 신통하게도 아픈 것이 싹 가시는 듯했다. 그렇지만 그런 횟수가 잦다 보니 효험이 있는지도 알 수 없었다. 통증이 너무 심해 밤을 꼬박 샌 적도 많다. 그럴 때면 절로 눈물이 났다. 울다가 지쳐 잠이 들고, 또 통증 때문에 잠에서 깨어 고통스러워하다 어느새 잠이 들곤 했다. 도저히 제정신으로 살아갈 수 없다. 입맛이 쓸 때면 어머니와 아버지가 구해 주신 석류나 맛있는 음식들을 조금씩 먹었다. 이 지긋지긋한 고통은 내가 죽어야 그칠까?

눈에 넣어도 아프지 않을 단아가…

단아는 얼굴이 수정처럼 맑고 늘 자기보다 주위 사람을

먼저 챙기며, 좋은 것이 있으면 양보하는 고운 성품을 타고 났다. 우리 내외는 그런 단아를 애지중지하며 항상 내 이불 속에서 재웠다. 난리 통에 가족과 헤어져 있을 때도 단아는 꿈속에서 분을 바르고 깨끗이 단장한 채 내 무릎 위에 안겨 있었다. 단아는 몸이 약하긴 했지만 늘 내 곁에서 예쁜 짓을 하며 함께할 거라 여겼다.

그런데 그 예쁜 아이에게 몹쓸 병이 찾아왔다. 처음에는 미음이나 콩죽을 조금이라도 먹이면 단아가 회복될 거라는 희망을 품었다. 그러나 단아는 조금 좋아진 듯 보이다가도 음식을 먹으면 토하기 일쑤였고 쉽게 일어나지 못했다.

큰 오라비가 수령으로 있는 강원도 평강에 그렇게나 가고 싶어 했는데, 한양이 코앞인 율전에서 잠들어 다시 깨어나지 못했다. 고통스러워하던 단아가 정유년(1597) 2월 초하룻날(1일) 아침에 세상을 떠났다. 단아를 붙들고 통곡해 보았지만 아무 반응이 없었다.

저녁에 몸을 씻기고 염습을 하는데 다른 고운 옷이 없어 평소 입던 옷을 입힐 수밖에 없었다. 그동안 남들처럼 잘 먹이고 잘 입히지도 못했는데, 죽어서도 좋은 옷 한 벌 입혀

주지 못했다. 객지로 떠도느라 의원에게도 보이지 못하고 약도 제대로 못 썼다. 오직 하늘만 믿고, 사람으로서 해야 할 일을 다하지 못한 것 같아 통탄스러웠다. 마음이 애통하여 피멍이 들고 가슴과 창자가 찢어지는 듯했다. 죽을 때까지 한으로 남을 것이다.

단아가 죽은 후 율전에 이틀을 더 머물렀다. 시신을 보고 어루만지며 슬퍼했으나 아무 소용없는 일이었다. 눈은 그칠 줄 모르고 계속 내렸다. 눈이 그친 다음 날, 단아의 시신을 관에 넣고 빈소를 만들었다. 6일에는 광주 토당 선산의 조부모 산소 위 서쪽 자락 정남향 자리에 묏자리를 잡았다. 무덤의 흙을 반쯤 메웠을 때 단아의 얼굴분 놋쇠합 두개, 작은 거울, 작은 가위, 큰 빗, 참빗 한 개씩을 작은 동고리(키버들을 엮어 상자처럼 만든 물건)에 담아 구덩이 오른쪽에 묻었다. 단아가 살아 있는 동안 쓰던 물건이라 차마 집에 두고 볼 수 없었다. 단아를 위해 만든 봉분은 크지도 작지도 않고 단아의 몸에 딱 맞았다. 평소에 내 품을 떠나지 않았던 아이를 산골짜기에 묻었으니, 외로운 넋이 분명 컴컴한 무덤 속에서 슬피 울고 있을 게다.

단아 생각에 오늘도 눈물 흘리며

죽은 단아의 모습이 자꾸 떠올랐다. 단아가 쓴 언문을 볼 때면 그 아이가 붓을 잡고 글씨를 쓰던 때가 생각났다. 시중 드는 아이가 진달래꽃을 꺾어 와서 바쳤는데, 가지마다 꽃이 만발했다. 그것을 보니 임천에 살 때 단아가 이 꽃가지를 꺾어서 병에 꽂아 놓고 좋아하던 모습이 떠올라, 나도 모르게 또 눈물이 났다. 마음을 가눌 수가 없어서 종일 슬피 울었다.

단오에는 단아가 임천에서 울타리 안의 복숭아나무 가지에 그네를 매고 놀던 일이 갑자기 생각났다. 단아가 죽은 지 백 일째 되던 날에는 아내가 무당을 불러 징과 북을 치면서 신에게 제사를 지내게 했다. 부질없는 일인 줄 알면서도 죽은 딸에 대한 애통함과 사랑하는 마음이 사무쳐서 그러려니 하고 말리지 않았다. 아내는 친히 가서 무당의 말을 듣고 통곡하며 돌아왔다. 6월 1일은 초복이자 초하루라서 아내가 떡을 쪄서 죽은 딸의 넋을 위로하며 제사를 지냈다.

단아는 가끔 우리 부부의 꿈에 나타났다. 마치 생전 모습 같아서 자다 깨어 꿈속의 일을 말하면서 서로 마주 보고 울다가 밤을 꼬박 새운 적이 한두 번이 아니었다. 갑오년 (1594) 봄과 여름에 한창 굶주려 곤궁한 중에도 늘 막내딸과 그네 놀이를 하면서 무료한 회포를 달랬는데 지금은 할 수가 없으니, 애통하다, 내 딸이여! 네가 어찌 나를 버리고 먼저 가서 나를 끝없이 비통하게 한단 말이냐!

쉽게 읽는 쇄미록 6

조선의 딸들

조선시대 전기의 여성은 집안에서 남성과 비교적 동등한 지위를 누렸다. 사회적인 불평등이 전혀 없었다고 할 수는 없지만, 남녀 구분 없이 나이순으로 족보에 기재되었고, 재산도 균등하게 상속받았다. 『쇄미록』에도 오희문이 어머니에게 분배된 노비를 되찾아 오거나 가난한 아우에게 어머니 소유의 노비 세 명을 나누어 주는 기록이 있다. 이처럼 이미 출가한 여성도 친정의 재산을 받을 수 있었다.

반면 불평등한 점도 있었다. 여성에 대한 호칭이 대표적인 예였다. 조선시대 여성은 주로 혼례 전 가문의 지역과 남편이나 아버지의 성으로 불렸다. 『쇄미록』을 보면 오희문도 누이들을 '심매', '임매', '남매', '김매'라고 지칭했는데, 이는 누이의 남편의 성에 '매(누이)'라는 글자를 합친 호칭이다. 오희문의 어머니 역시 대개 '고성 남씨'라고 칭해진다. 오희문의 부인 '연안 이씨'도 마찬가지다. 이처럼 여성 대부분이 누군가의 어머니, 아내, 딸 등으로만 불렸다.

　혼례 역시 마음대로 치를 수 없었다. 하지만 이는 여성에게만 해당하는 것은 아니었다. 당시에는 혼례가 사회적 관계망을 넓히기 위한 일이라는 인식이 강했기 때문에 남성이든 여성이든 가문에서 짝지어 준 상대와 혼례를 올려야 했다. 그래서 가문에서는 개인이 아니라 집안을 보고 신중하게 혼례 진행 여부를 결정했다. 오희문도 딸들의 혼처를 정할 때, 집안 대 집안의 일로서 상대 집안 어른과 긴밀히 소통해야 했다. 혼인을 개인 대 개인의 일로 여기는 경향이 강한 현대인의 눈에는 다소 생소한 모습이다.

　집안 내에서는 딸을 어떻게 대했을까? 막내딸 단아에 대한 오희문 부부의 사랑은 각별했다. 그들은 단아가 아프기 전부터 단아를 끔찍이 아꼈으며, 이러한 애정은 오희문의 일기인 『쇄미록』 곳곳에 표현되어 있다. 우리가 알고 있는 조선시대 아버지들의 엄격하고 권위적인 모습과는 거리가 멀다. 조선시대나 지금이나 부모의 마음은 다르지 않을 것이다.

7

큰아들 윤겸이
과거에 합격하다

강원도 평강에 도착하다

정유년(1597) 2월 6일에 단아를 선산 아래에 묻었다. 사흘 뒤에 어머니를 모시고 한양을 출발하여 양주와 철원을 거쳐 2월 13일에 윤겸이 현감으로 있는 강원도 평강에 도착했다. 윤겸은 우리를 기다리다가 다른 고을로 며칠간 출장을 갔다. 그토록 만나고 싶었던 큰아들과 재회하지 못해 안타까웠다.

평강에 이르자마자 신주 앞에 차례를 지냈다. 관아에서 다과와 저녁밥을 내왔다. 풍성한 식사였다. 끼니마다 관아에서 좋은 음식을 내주니, 이 고을에 와 보고 싶어 하던 단아 생각에 애통한 마음이 더욱 사무쳤다. 어머니가 계셔서 소리를 내서 울지는 못하고 애통한 마음을 억눌렀다. 사방이 고요해진 한밤중에 단아의 모습이 눈에 선하여 눈물이 저절로 흐르고 가슴과 창자가 찢어질 듯했다.

도착하고 사흘 뒤부터 관아에서 보내 준 음식은 어머니에게만 올리고 우리는 쌀과 찬거리를 가지고 직접 지어 먹기로 했다. 그래야 윤겸이 돌아올 때까지 관아에 있어도 폐를 덜 끼칠 것 같았다. 윤겸이 없으니 낯선 고을에서 우리의 거처를 어디로 정해야 할지 몰라 관아에 계속 머물렀다. 관아에서 우리에게 주는 것이 너무 많아 마음이 몹시 불편하고 무료함도 심했다.

현감의 가족이 관아에 와 있다는 소문이 금세 여기저기에 퍼진 듯했다. 용궁에 사는 숙모가 부렸던 여자 종 끗개가 우리 식구들이 평강에 왔다는 소식을 듣고 떡 한 바구니를 마련해 찾아왔다. 끗개는 평강 사람에게 시집와서 살고 있다고 한다.

세 아들이 과거 시험을 보러 가다

정유년(1597) 2월 20일, 별시(특별한 계기로 실시하는 과거 시험)가 있어 윤겸, 윤해, 윤함 세 아들이 한양으로 갔다. 이렇게 어지러운 세상에 과거 시험이 무슨 소용이겠는가 싶기도 했지만, 평소 아이들의 과거 급제를 간절히 바랐던 터라 시험에 응시하라고 억지로 권했다. 합격 여부는 하늘의 뜻이라 내가 어찌할 수 없으나, 함께 응시한 아들 셋이 모두 합격하기를 내심 기대했다. 3월 3일에 나온 방목(합격자 명단)에 윤겸과 윤해가 올랐고, 윤함은 낙방해서 바로 황해도로 돌아갔다.

윤겸과 윤해에게는 앞으로도 강경(경서 대목을 암송하고 뜻을 해석하거나 시험관과 문답을 하는 시험)이 남아 있었고, 강경에서 뽑히면 전시(임금 앞에서 치르는 시험)를 치러야 했다. 모두 마치고 돌아오려면 다음 달 20일은 되어야 할 듯했다. 강경에서 뽑힌다면 행여 과거 급제를 바랄 수 있으련만, 세상일이 내 마음대로 되리라고 확신할 수는 없었다. 하지만 일이 어떻게 될지는 누구도 모르는 일이 아니겠는가?

윤겸이 드디어 해내다

3월 19일 오후, 한양의 성균관에서 다섯 명이 급제 방목을 가지고 달려와 나팔을 불며 윤겸이 급제했다는 소식을 전했다. 장원은 아니었지만, 등수가 일곱 번째였다. 장원이 아니면 어떤가? 대과에 합격했으니, 온 집안의 기쁨을 이루 다 말할 수 없었다. 다만 윤해가 낙방하여 안타까울 뿐이었다. 하지만 한 집에서 한 사람이 급제한 것만으로도 충분하다. 어찌 두 아들이 한꺼번에 급제하기를 바라겠는가? 강경을 치른 사람이 이백여 명인데, 뽑힌 사람은 열아홉 명뿐이라니, 우리 아들이 보통 아들인가?

오씨 문중에 5대조 이하로 과거에 급제한 사람이 없었는데, 윤겸이 처음으로 해낸 것이다. 윤겸을 시작으로 이제부터 급제하는 사람이 이어지리라. 한 가문의 경사를 말로 어떻게 다 표현하겠는가? 선친께서도 저승에서 분명 기뻐하실 게다.

저녁에 윤겸이 관아로 돌아왔다. 온 집안 식구들이 방 안에 둘러앉아 이야기를 나누다가 밤이 깊어 잠자리에 들었

다. 난리 통이라 급제한들 남들이야 별다른 관심도 없겠지만, 나는 너무 기뻐 새벽까지 잠을 이루지 못했다. 다만 급제해서 중앙으로 진출하면 분명 멀리 떨어져 지내야 할 것이니, 그 점이 계속 마음에 걸렸다. 그러나 한 몸을 이미 나라에 맡겼으면 평안하거나 험난하거나 한결같아야 하는 것이 곧 신하의 본분이니, 이제부터 윤겸은 나만의 아들이 아니다. 그래서인지 아들이 과거에 합격해 기쁘면서도 한편으로는 슬펐다.

아우 희철에게 눈앞에서 부릴 노비들이 없다고 어머니가 늘 걱정하셨다. 이에 윤겸이 과거에 합격한 기쁨을 아우와 나누고, 어머니의 뜻도 따를 겸 해서 내 소유의 노비를 희철에게 주기로 했다. 고민 끝에 광주 선영 아래에 사는 남자 종 성금과 직산에 살고 있는 여자 종 단춘, 한양에 사는 여자 종 복이의 자식 복일 등 세 사람을 아우네 주기로 결정했다. 윤겸에게 노비 문서를 작성하게 하여 내가 서명하고 또 셋째 매부 남상문에게 알려 서명하게 한 뒤 희철에게 주었다.

과거 합격 잔치를 베풀다

윤겸이 대과 합격 증명서인 홍패를 받으러 갔다가 4월 16일에 드디어 돌아왔다. 오 리 길 밖에 장막을 치고 옷을 갈아입고서 꽃을 세우고 풍악을 울리며 왔다. 쇠퇴한 문중에서 비로소 어사화(과거 급제자에게 임금이 주는 종이꽃)를 보았으니, 이런 경사가 없었다. 먼저 신주 앞에 차례를 지냈다.

우리 집안의 제사를 모시는 종손 오극일도 이번 무과에 합격했다고 하니, 집안의 경사가 이어지는 듯하여 더욱 기뻤다. 극일이 비록 무과이긴 하지만 묘소 아래에 연이어 영예로운 제사를 지내게 되었으니, 어찌 다행스럽지 않겠는가?

다음 날에 윤겸이 향교에 가서 공자의 신위에 절하고 돌아왔다. 오후에 놀이꾼을 시켜 놀게 하자, 구경하는 사람들이 놀이판을 담처럼 에워쌌다. 며칠 뒤에 과거 합격 잔치를 베풀었다. 회양 부사, 철원 부사, 은계 찰방 등이 초대에 응해 주었다. 철원 관아에서 노래를 잘하는 여자 종과 피리 부는 사람 등을 불러와 흥을 돋웠다. 놀이꾼들이 각자 온갖 재주를 부렸고, 선생들도 새로 급제한 사람을 희롱하여 얼굴에 온통 먹칠을 했으며, 아름다운 여인을 업게도 하고 땅에서 한 치를 뛰게 하기도 하면서 노래하고 춤도 추니 구경꾼들이 구름같이 모였다. 종일 술잔을 나누다 보니 내가 먼저 취했다.

이렇게 기쁘고 좋은 날, 죽은 딸을 생각하니 비통한 마음이 들었다. 남모르게 슬픈 눈물을 닦아 보았지만 견디기 어려웠다. 임천에서 평강으로 오기까지 추위에 갖은 고생을 다 했건만, 이곳에 도착한 지 얼마 되지 않아 윤겸의 과거 합격 소식을 접했다. 이곳이 길한 곳인 듯했다. 그래서 단아도 그렇게 이곳에 오고 싶어 했던 게 아닐까? 어떻게든 단아도 이곳까지 왔다면 살았을지도 모른다는 부질없는 생각이 들었다.

평강의 절경에 자리 잡은 우리 집

평강에 도착해 식구들이 거처할 집을 찾아보았다. 여러

집을 가서 언뜻 보니 모두 그럭저럭 살 만한 듯했다. 결국 윤겸이 과거 급제 소식을 갖고 온 뒤 서면 정산탄의 김언보와 민시중 두 사람의 집을 얻었다. 집이 크고 방이 많아서 우리 가족이 살기에는 넉넉했지만, 종들이 거처할 곳이 없었다.

집 동쪽에 큰 언덕이 있는데, 냇물이 굽이쳐 흐르고 깊은 여울이 언덕 밑에 못을 만들었다. 북쪽의 암벽이 가로로 둘러 내려오다가 이곳에 와서 우뚝 솟아 이 언덕이 만들어졌다. 마치 누에의 머리가 반쯤 물속으로 들어가 있는 듯했다. 앞으로는 큰 들판이 펼쳐져 있어 참으로 절경이었다.

언덕에 올라 아래를 내려다보면 정신이 아찔하여 언덕 가에 가까이 갈 수가 없었다. 하지만 바람이 고요하고 물결이 잔잔하여 티 없이 맑으며, 햇빛이 비치는 곳은 물속이 들여다보여서 헤엄치는 물고기를 셀 수 있을 정도였다. 마침 물고기 떼가 무리 지어 물속에서 뛰기에, 곧바로 시중드는 아이에게 그물을 쳐서 몰게 했다. 마치 은빛 칼날이 번뜩이듯 물고기가 그물에 걸려 파닥거렸다. 그 움직임 속에서 강렬한 생명이 느껴졌다.

아내와 며느리, 딸과의 나들이

날이 벌써 더워졌다. 5월 25일에 정산탄으로 가족이 모두 옮겨 왔는데, 그 후 20일이 지날 동안 우리 집 여자들은 근처의 경치를 둘러보지 못했다. 저녁 무렵에 아내와 여자들이 동대를 간절히 보고 싶어 해서 아내는 가마를 타고, 다른 여자들은 걸어서 누대에 올랐다. 그러나 동풍이 심하게 부는 바람에 아내는 중간에 돌아와야 했다. 나머지 사람들은 냇가로 내려가서 맑고 깨끗한 시냇물에서 한참을 놀았다. 윤겸의 처와 윤성의 처가 실수로 치마를 물에 적셨고, 둘째 딸은 발이 물에 빠져서 버선이 물에 젖었지만, 모두들 즐거워했다.

다음 날 저녁에도 딸들과 며느리들을 데리고 뒷산 모정에 올라가 한참 있다가 돌아왔다. 그곳에서 보면 풍경이 드넓게 펼쳐진다기에 모두 보고 싶어 하던 차에 마을 사람들이 들에 나간 틈을 타서 함께 올라갔다. 다녀온 아이들이 아내에게 앞 냇가가 기이하고 좋다는 말을 해서인지 아내가 가서 보고 싶어 하자 여자들도 모두 찬성했다. 이에 민시중이 사람을 보내 해를 가릴 장막을 치게 했다. 아내가 가마를 타고 먼저 가고, 나는 나머지 여자들을 데리고 걸어서 갔다. 종일 냇가에서 놀면서 보리밥을 지어 점심을 먹고 낚시로 잡은 민물고기를 끓여 둘러앉아 먹었다. 오랜만에 우리집 여자들이 함께 냇가에서 즐기는 모습을 보니 그동안 쌓인 피로가 싹 풀리는 듯했다.

강원도는 강원도라, 사람을 잡아먹는 호랑이가 무서워

우리가 평강에 온 지 얼마 지나지 않아 밤중에 관아의 여자 종이 호랑이에게 물려 갔다. 온 고을이 떠나갈 듯 죽을힘을 다해 살려 달라고 소리쳐서 그 소리를 듣지 못한 사람이 없었을 텐데, 어느 누구도 무서워 나오지 못했다. 호랑이가 여자 종을 물고 갈 때 관아의 뒤를 지나갔음에도 끝내 구하지 못하고 굶주린 호랑이의 뱃속을 채워 주고 말았다. 고약한 호랑이가 자주 문과 울타리를 부수고 들어오기도 한다더니, 강원도에 와서 호랑이의 무서움을 실감했다.

또 며칠 전에는 호랑이가 산 뒤쪽에 있는 집에 들어가 자고 있던 사람을 습격했다고 한다. 호랑이 소리를 들은 사람들이 차마 곧바로 나와 구해 주지는 못하고 나중에 다른 사람들과 함께 가 보니, 매우 희한하게도 호랑이가 사람을 다 먹어 버리거나 물어 가지 않고, 몸통의 반만 먹고 돌아갔단다. 아마 한참 먹고 있을 때 사람들이 떼 지어 나타나는 바람에 먹다가 놀라서 도망가 버렸을 것이다. 고약한 짐승이 날뛰어 이처럼 사람을 해치는데도 잡아 없애지 못하니, 사람들은 해가 지면 문을 굳게 닫아걸고 나오지 않았다.

호랑이가 밤에만 나오는 것은 아니었다. 동네에는 낮에 잘 오지 않았으나, 산이나 냇가에는 낮에도 가끔 호랑이가 나타났다고 한다. 녹용을 채취하러 산에 다니는 사람이 와서 하는 말이, 매일 호랑이를 보는데, 그저께는 한 골짜기에서 네 마리가 같이 뛰어다녔다고 한다. 우리 집에서는 식구들이 모두 잠들기 전에 문밖에서 호랑이가 강아지 미백이를 쫓은 적이 있었다. 분명 미백이가 물려 갔을 것이라고 생각했는데 잠시 뒤에 미백이가 돌아왔다. 삼밭으로 피했는지, 어떻게 피했는지 모르겠지만 얼마나 마음이 조마조마

했는지 모른다.

호랑이로 인한 무용담도 있었다. 동쪽 마을에 사는 채억복네 마구간에 큰 호랑이가 들어와서 망아지를 물어 갔는데, 채억복이 몽둥이를 들고 횃불을 밝혀 쫓아가서 망아지를 도로 빼앗아 왔다고 한다. 사실인지는 모르겠으나 그 용기가 대단했다. 그러나 얼마 지나지 않아 호랑이가 다시 와서 햇닭을 물어 갔다고 한다.

사정이 이런데도 우리 집의 여자 종들은 호랑이를 두려워하지 않아 밤마다 문 밖에 횃불을 밝히고 둘러앉아서 길쌈을 하곤 했다. 말려도 말을 듣지 않으니, 반드시 후회할 일이 생길 것 같았다. 담력이 출중한 것인지, 무엇을 믿고 그러는지 알 수가 없었다.

호랑이가 마을로 내려와 개들을 물어 가려고 넘보는 때가 많았다. 하루는 큰 호랑이가 개를 물어 가려고 엿보며 여자 종 은개의 방문을 밀치고 물어뜯자, 은개가 이를 알아차리고 소리를 질러 쫓아냈다. 호랑이가 달아나는 소리에 땅이 흔들렸다. 다행히 개들이 모두 집 안에 들어와 있어 물려 가지 않았다.

은개의 목소리

호랑이에게 물려 가도 정신만 차리면 살아날까?

나는 우리 아가씨가 막내 도련님(윤성)과 혼인한 다음 해에 아픈 아가씨를 간호하기 위해 이 집에 오게 되었다. 이제는 마님이 된 아가씨가 어찌나 반갑던지. 전쟁만 아니었어도 막내 도련님이 처가살이를 했을 것이고, 그러면 이렇게 떨어져 지내지 않아도 되었을 터인데… 전쟁 통에 모두 곤궁해서인지 정해진 법식을 다 지키지는 못하니, 각자 형편에 맞게 지낼 수밖에 없다.

내가 이 집으로 온 해 12월, 온 가족이 임천 생활을 정리하고 큰 도련님이 고을 수령으로 계신 평강으로 옮겨 왔다. 큰 도련님 덕분에 평강에서의 생활은 풍족하고 여유로웠다. 얼마 전 왜군이 다시 침략했다고 하지만, 임진년(1592)에 일어난 난리에 비한다면 이곳은 피해가 거의 없다. 더구나 나 같은 종은 나라에서 전쟁이 벌어지고 있는지도 실감하지 못했다.

임천에 있다가 강원도로 오니 풍경이 색다르다. 동물도

많아서, 말로만 듣던 호랑이가 코앞까지 오는 일도 잦다. 괜히 강원도가 아닌가 보다. 호랑이는 심심하면 고을로 들어와 개, 닭, 망아지, 강아지 등을 물어 갔다. 소나 말도 예외는 아니었고, 심지어 사람을 물어 가거나 잡아먹는 일도 종종 있었다. 집안이라고 안전하지는 않았다. 때때로 호랑이는 문을 부수고 들어와 자던 사람을 물어 갔다. 호랑이는 주로 해가 없는 밤이나 새벽에 동네로 들어왔지만, 해가 지기 전에도 냇가에서 호랑이를 보는 경우가 드물지 않았다.

며칠 전에도 호랑이에게 물려 가며 밤새 살려달라고 애원하던 여인의 목소리가 들렸다. 여자 종이라고 하는데 누구 하나 나와서 호랑이를 막지 못했다. 호랑이와 맞서 싸울 수는 없겠지만, 횃불을 밝혀 들이대면 호랑이는 사람을 놓고 가기도 한다. 그런데 누가 여자 종을 위해 그런 일을 할까?

하루는 우리가 문밖에 횃불을 밝히고 둘러앉아 길쌈을 했더니, 주인어른이 "아무리 횃불을 밝혔다지만 호랑이가 물고 가면 어떡하려고 이 밤에 밖에서 난리냐! 어서 들어가거라!"라고 소리를 지르셨다. 지난밤에는 호랑이가 개를 물어 가려고 하는지 계속 집 근처를 얼씬거렸다. 내 방문을 밀치기도 하고 물어뜯기도 하면서 자꾸 겁을 주길래, 집이 무너지듯 냅다 소리를 질렀다. "이놈의 호랑이야! 물렀거라, 썩 꺼져라!" 내 어디서 그렇게 큰 소리가 났는지 모르겠다. 거짓말처럼 호랑이가 달아나는 소리가 났는데, 그 소리가 너무 커서 땅이 흔들릴 정도였다.

고을 수령 아비 행세

내가 이 고을 수령의 아비인 터라 누구도 나를 함부로 대하지 않는다. 오히려 관아에 있는 윤겸에게 직접 청을 넣기 어려우니, 나를 통해 관청의 힘을 빌리고 싶은 사람들이 먹을 것과 물품을 싸 들고 찾아왔다. 하지만 때론 순수하게 나를 만나고 싶어 물건을 가져오는 사람들도 있었다. 나는 그들에게 줄 물품이 있으면 답례를 했고, 별다른 게 없으면 대개 떡이나 술 한 잔을 주곤 했다.

부탁을 하러 온 사람들은 주로 부역을 면제받거나 어떤 일에 대해 관의 허가를 받고자 했다. 그들은 직접 키운 오이, 가지, 토란, 수박, 배 등 과일과 야채류, 쌀과 보리, 팥 등 잡곡류, 채취한 고사리 같은 산나물과 버섯류, 꿩과 멧돼지, 노루고기 등의 각종 고기류, 달걀, 술, 떡, 꿀 등에 이르기까지 많은 것을 가져다주었고, 그것들은 그때그때 요긴하게 쓰였다.

나는 부탁이 들어오면 인정을 이기지 못하고 윤겸에게 편지를 써, 이들을 배려해 줄 것을 부탁했다. 윤겸이 곤란하지 않도록 형편을 보아 들어줄 수 있으면 들어주되, 내 말 때문에 억지로 들어주지는 말라고 썼다. 하지만 윤겸의 입장에서는 번거로웠을 테니 비록 부자간이라도 매우 미안했다.

무술년(1598) 8월 16일의 일이다. 느지막이 이웃 김언신의 어미가 머리를 풀어 헤치고 달려와서 울면서 호소했다. 지난달 관에 내야 할 쌀을 바치지 못해서 색장이 엄하게 독촉하며 머리채를 끌고 마구 때리니, 그 괴로움을 견딜 수 없었다는 것이다. 지난달에 비가 많이 내려 길이 물에 잠기는 바람에 오갈 수 없어서 벌어진 일이었다. 이틀 동안 우리 집에 양식이 떨어져 겨우 죽을 쑤어 먹었는데, 하루아침에 아침거리가 똑 떨어져서 어찌할 방도가 없던 차였다. 때마침 김언신의 집에서 아직 관에 쌀을 바치지 않았다는 말을 듣고서 부득이 가져다가 먹게 되었다. 당시 곧장 윤겸에게 편지를 보냈고, 또 윤겸을 만났을 때 김언신이 관에 바칠 쌀을 감해 주라고 말하면서 그 이름을 써 주었다. 그래도 잊어버릴까 걱정되어 그 뒤에 또 윤해를 시켜 그의 이름을 써서 보낸 지 한 달 남짓 되었다. 김언신에게 다시 쌀을 바치라는 독촉이 없어서 윤겸이 이미 감해 주었으리라고 생각했다. 그런데 바로 이 사달이 난 것이다. 이에 윤겸에게 편지를 써 상황을 알렸다. 윤겸은 "말씀하신 대로 감해 주어야 하지만 공정하지 않을 듯하여 마음이 매우 편치 않습니다"라고 답했다. 윤겸의 답장에 이루 다 말할 수 없을 만큼 부끄러웠다. 만약 그때 안 된다고 말했더라면 현에서 보내 준 양식을 관에 바쳤을 것이다. 그런데 끝내 안 된다고 말하지 않은 채 오랫동안 입을 다물고 있다가 이 지경에 이르렀다. 뒤늦게 한탄해 보아야 소용이 없다.

윤겸도 웬만하면 내 부탁을 들어주었을 텐데, 아마도 상황이 여의치 못했나 보다. 가끔 좋지 않은 일이 벌어져 때때로 윤겸을 욕하고 헐뜯는 말이 들려왔다. 만약 하루아침에

교체되어 떠난다면 분명 적지 않은 모욕을 당할 것이다. 윤겸은 성품이 지나치게 너그럽고 느긋한 까닭에 관아의 다른 관리들이 윤겸을 두려워하지 않고 명령을 따르지 않아서 이러한 일이 생겼다.

내가 이미 이런 문제를 잘 알면서도 해서는 안 될 일을 억지로 시켜서 결국 노파에게 믿음을 잃고 욕을 당했으니, 뒤늦게 뉘우치고 한탄한들 어찌하겠는가? 이제 경계할 바를 알았으니 앞으로 구차한 일은 하지 않을 것이다. 이렇게 생각하던 차에 마침 여자 종 옥춘이 현에 들어간다고 하였다. 이에 옥춘에게 김언신이 바치지 못한 쌀 한 말 여섯 되를 관에 바치게 하여 아예 후환을 끊어 버렸다. 관의 일을 책임지는 아들을 도와주지는 못할망정 누가 돼서는 안 된다.

풍요로운 내 생일

7월 25일은 평강에 와서 처음 맞는 내 생일이었다. 어머니와 가족들의 생사도 모른 채 산속에서 비참하게 맞았던 생일이 생각났다. 그때는 다음 해 생일도 기약할 수 없었다. 비록 아직 떠돌아다니는 신세지만, 아들이 고을 수령이니 부족할 것이 없었다.

아침 일찍 상화병(떡의 일종)과 두 가지 탕, 꿩 구이, 여섯 가지 과일 등을 차려 신주 앞에 제사를 지냈다. 난리 통에 이렇게 풍성한 생일을 맞이해도 되는가 싶었다. 윤겸이 편지를 보냈다. 도사가 현에 오는 바람에 생일날에는 오지 못하지만, 도사가 돌아가면 개고기를 준비해서 손님을 초청해 오겠다고 했다. 윤겸은 당일에 오지 못하는 대신 밀가루, 석이버섯, 녹두가루, 호두, 잣, 개암을 각각 종이 자루에 넣어 먼저 보냈다. 이것 외에도 소주, 겉잣, 콩, 닭, 꿩, 대구, 문어, 광어, 작지만 온전한 전복과 깨진 전복, 홍합, 수박, 참외, 가지, 약과, 마늘 등을 윤겸의 수하가 가져왔다.

오후에는 친하게 지내는 사람들이 술이며 온갖 고기를 손에 가득 들고 찾아왔기에 마을 사람들을 불러 술과 떡을 대접했다. 저녁에도 부석사의 중 법련과 법희가 술과 음식을 가져왔다. 종일 나를 찾아온 이들과 이야기를 나누고 바둑을 두었다. 더없이 풍요롭고 즐거운 생일이었다.

도망간 노비들을 단죄하다

남자 종이든 여자 종이든 틈만 나면 도망을 가려 했다. 때로는 눈이 맞아 도망가는 놈들도 있었다. 하지만 도망가다 잡혀 돌아오는 경우가 대부분이었다. 모두 도망가면 좀 더 잘 살 수 있겠거니 생각하지만, 다시 제 발로 돌아오는 노비도 많았다. 도망가 살아 보니 사는 것이 그리 쉽지 않았던 게다.

무술년(1598) 6월 26일 새벽에 개비가 도망갔다. 몹시 분하여 김언신에게 개비를 찾아오도록 엄하게 일렀다. 처음에는 사람을 보내 주요 길목에서 개비를 추적하여 찾게 했다. 김언신에게 잡아 오지 못하면 그의 어미와 처를 가두고 엄히 독촉하겠다고 말했다. 평소 김언신은 개비와 사이좋게 지냈기에 분명 간 곳을 알 것이고, 알지 못하더라도 자신의 식솔이 피해를 입을까 두려워 꼭 잡아 오리라고 생각했다. 본디 게으르고 둔한 개비에게 밭을 매라고 독촉하자 싫증이 나서 도망간 듯했다. 도망간 일이 한두 번도 아니고 어느덧 네 번째라 더욱 분했다.

다음 날 아침에 김언신이 개비를 잡아서 데리고 왔다. 개비는 뒷산에 숨어 있었다고 한다. 심하게 매질을 하고 싶었지만, "만일 개비가 제 발로 나타난다면 그 죄를 다스리지 않겠다"라고 당초 김언신과 약속했기에 때리지 않았다. 김언신이 분명 개비가 간 곳을 알아 엄히 재촉하여 데려온 것이리라. 그렇지 않았다면 돌아오지 않았을 것이다.

생각해 보면 작년에도 같은 날에 한복이 여자 종 강춘을 데리고 도망가다 잡혔다. 당시 한복이 말도 훔쳐 도망갔던 터라 큰 몽둥이로 발바닥을 칠팔십여 대 때리고, 강춘도 오십여 대를 때렸다. 한복을 결박해서 덕노와 춘금이 등 남자 종들을 시켜 관아로 보내면서 사또에게 법에 따라 형벌로 다스려 달라고 편지를 썼다. 묘하게도 해를 달리해 같은 날 노비들이 도망을 가려 했다니, 6월은 1년 중 가장 덥고 농사일도 많으니 딴생각하는 게 당연한지도 모르겠다.

험난한 교육의 나라

오늘날에도 시험을 보는 날 아침에는 미역국을 먹지 않는 풍습이 있다. 미역이 미끄러워, 시험에 '미끄러질' 수 있다는 속설 때문이다. 조선시대에도 이런 풍습이 있었다. 과거 시험을 앞둔 사람들은 떨어질 락落자를 싫어했다. 시험을 치르기 위해 한양으로 갈 때도 추풍령은 추풍낙엽(가을바람에 떨어지는 나뭇잎)이 연상되고, 죽령은 대나무처럼 죽죽 미끄러진다고 생각해서 이 두 고개를 피해 먼 길을 돌아갔다. 반면 문경새재(경상북도와 충청북도 사이에 있는 고개)의 문경聞慶은 경사慶事(기쁜 일)를 듣는다는 뜻이니 합격이 연상된다는 이유로 많은 사람이 이 길로 다녔다. 오죽하면 전라도에 사는 사람들도 일부러 이 길로 돌아서 갈 정도였다.

이 같은 미신을 떠받들어야 할 정도로 과거 급제는 쉽지 않았다. 특히 대과의 경우 초시(1차 시험)와 복시(2차 시험), 임금 앞에서 치르는 전시까지 총 세 번의 시험을 치러야 했다. 시험이 매우 어려웠기 때문에 대과에 합격하는 데 10년 이 걸렸다면 그나마 빠른 편이었다. 대부분은 평생을 과거 시험에 매달려도 합격하지 못했다. 이런 험난한 과정을 거 쳐 대과에 합격한 사람만이 비로소 어사화를 머리에 쓰고 시가행진을 할 수 있었다. 과거 시험은 별을 따는 것만큼 어 려웠지만, 일단 합격하면 가문에 큰 영광이 돌아갔다. 과거 에 합격하지 못해도 천거 등을 통해 관직에 임명될 수는 있 었다. 그러나 중앙 관료가 될 자격을 얻기 위해서는 과거에 합격해야 했다.

과거를 보러 가는 길은 과거 급제를 향한 학업의 길만큼 이나 험난했다. 특히 한양에서 먼 곳에 사는 사람들에게는 더욱 험난한 여정이었다. 한양으로 가고, 그곳에서 머물기 에 충분한 짐을 싸는 것부터가 난관이었다. 더구나 과거 시 험에 쓰는 종이는 직접 구해 잘라 가야 했다. 부산에서 한양 으로 과거 시험을 보러 간다면 대략 천 리, 즉 400km를 이동 해야 했다. 보통 사람의 속도로 1시간에 4km를 갈 수 있으 니, 하루 8시간을 걷는다고 하면, 부산에서 한양까지 12.5일 이 걸리는 길이다. 곳곳에 있는 산길과 고갯길을 생각하면

당연히 이보다는 오래 걸어야 했을 것이다. 또한 시험을 보러 가던 중에 다치거나 안 좋은 일을 당할 수 있으니, 최소한 한 달은 잡고 이동해야 했다. 끼니를 청할 곳이 없으면 밥도 직접 해 먹어야 했다. 집안 사정이 넉넉지 않은 사람들에게는 한 달 여행 경비를 마련하는 일조차 쉬운 일이 아니었다.

1597년 2월, 오희문의 큰아들 윤겸은 강원도 평강에서 한양으로 길을 떠났다. 이미 평강의 현감이었지만, 윤겸에게 대과 합격은 또 다른 세상으로 진입하는 것을 의미했다. 오희문은 큰아들의 합격 소식에 너무나 기뻐 새벽까지 잠을 이루지 못했다. 전쟁이 한창일 때도 인재를 선발하기 위해 과거 시험은 계속되었다. 이처럼 과거 시험은 개인과 국가 모두에게 매우 중요했다.

8

다시 전쟁이 터지고

다시 일어난 전쟁을 회상하다

머지않아 전란이 끝날 것이라는 기대가 완전히 무너졌다. 단아가 세상을 떠나고 윤겸이 과거에 급제하는 동안 나라는 다시 전란에 휩싸였다. 간신히 살아남은 백성들이 다시 피란길에 올랐고, 많은 사람이 죽었다. 임진년(1592)의 상처가 회복되기도 전이라 혼란이 더욱 심했다.

기해년(1599)에 접어들어 전쟁이 마무리되었으니, 당시의 혼란을 회상해 본다.

이순신의 억울한 옥살이와 원균의 칠천량 해전 참패

정유년(1597) 1월 24일에 소식을 들으니, 적장 가토 기요마사가 지난 13일 이미 바다를 건너 양산에서 진법을 연습하면서 병력의 규모를 자랑하고 있었다. 그런데 그 전날 들은 이야기로는 기요마사가 불시에 바다를 건너오는 바람에 이순신이 바다에서 싸워 보지도 못했고 병사들은 사기를 잃었다는 것이다. 이 때문에 이순신을 잡아 가두고 그 대신 원균이 통제사가 되었다고 한다. 이것은 완전한 모함으로, 실상은 이러했다.

고니시 유키나가의 부하인 요시라가 경상우병사에게 기요마사가 바다를 건너올 것이라고 은밀히 알렸다. 조정에서는 이것을 사실로 알고 출정 명령을 내렸지만, 이순신은 왜군의 계략을 눈치채고 출전하지 않았다. 하지만 조정에서는 가토 기요마사의 군대를 물리치지도, 군량선을 가로막지도 못했다는 이유로 이순신을 체포하여 한양으로 압송했다. 이순신은 3월 내내 감옥에 있다가 4월 1일에야 감옥에서 나와 백의종군을 시작했다고 한다.

4월 5일 조보朝報(관에서 발행한 신문)에는 통제사가 된 원균이 왜선 두 척을 포획하고 왜적 예순다섯 명의 머리를 베었다고 적혀 있었다. 그러나 7월 15일 밤, 어둠을 틈탄 왜군의 기습으로 여러 장수가 진을 치고 있던 칠천량이 함락되며 통제사 원균과 충청 수군절도사 등이 모두 죽임을 당했다. 다행스럽게도 8월 3일, 이순신이 다시 삼도수군통제사에 임명되었다.

다시 왜적이 쳐들어오고 명나라군도 조선 땅으로

정유년(1597) 8월 9일 밤에 관아 사람이 윤겸의 편지를 전했다. 편지에는 적장 가토 기요마사가 지난 3일에 장수 일곱 명을 거느리고 상륙하여 전라도로 향했고, 장수 세 명은 수군을 거느리고 나주로 향하여 바다와 땅으로 동시에 진격했다고 쓰여 있었다. 그 바람에 순찰사의 전령이 두 번이나 찾아와, 여러 고을 수령에게 영원성으로 달려가 그곳을 지키라는 명을 전했다고 한다. 윤겸도 날이 밝는 대로 군사를 거느리고 떠날 것이라고 했다. 나라에 몸을 맡긴 이상 어쩔 수 없는 일이었다. 나는 편지를 보고 놀라 자빠졌다가 이내 눈물을 흘렸다.

전황이 급박하여 군사를 징발하는 관리가 사방으로 흩어져 군사를 불러 모았고, 당사자가 집에 없는 경우 부모와 처자를 모두 잡아갔다.

8월 13일과 16일 사이에 남원성이 함락되었다. 처음에는 명나라 장수가 적을 유인해서 천여 명을 베었으나, 결국 중과부적으로 함락되어 명나라 군사 3천 명과 우리 군사 3천 명, 도합 6천 명이 모두 죽었다고 한다. 전라도가 이미 적의 소굴이 되었으니, 영암 둘째 누이네가 어디를 떠돌고 있는지 몰라 걱정됐다. 매일 놀라움과 탄식을 이기기 힘들었다.

적들이 만일 바로 한양을 공격한다면 반드시 길을 나누어 조령과 죽령으로 갈 터였으나, 두 고개 밖에서는 아무 소식도 없었다. 아마 충청도와 전라도를 분탕질하여 그곳을 자신들의 소굴로 만들어 놓고 전진하거나 퇴각할 계획인 듯했다. 그러나 명나라 군사가 바닷길을 통해 이미 당진 구십포에 이르렀으므로 마음이 놓였다. 다만 윤겸이 순찰사 종사

관의 책임을 맡아 군영 안의 모든 일을 처리하게 되어 돌아올 기약이 없었고 노고도 갑절이나 심해 몹시 걱정됐다.

전쟁이 터진 지 오래되었는데 왜적이 아직도 변경에 버티고 있었다. 게다가 명나라 장수가 연이어 원정을 올 때마다 군량을 공급해 주어야 했다. 가을에는 왜군이 전라도와 충청도 지역을 분탕질하여 명나라에서 대군을 거느리고 원정을 왔다. 이에 황해도와 강원도 지역에서 명군에게 필요한 모든 물자를 마련했다.

명군에 공급하기 위해 갖은 수단을 동원해 군량을 찾아내니, 백성이 살 수가 없어 잠시라도 목숨을 부지하고자 다른 곳으로 도망가는 일이 많았다. 이천의 한 백성은 하루에 세 가지 부역을 독촉당하자, 그 처에게 "내 한 몸이 아직 살아 있기 때문에 관의 부역을 감당해야 하는 것이니, 만일 내가 죽으면 자네는 편안할 것이네"라고 말하고는 목을 매어 죽었다고 한다. 죽기를 싫어하고 살기를 원하는 것이 인지상정이건만, 삶이 괴로워 죽음조차 망설이지 않는 백성의 괴로움을 전해 들으며 마음이 아팠다. 그저 하늘을 원망할 뿐이었다.

해를 넘겨 왜적의 공세가 계속되고

무술년(1598) 1월 24일에 전세를 전해 들었다. 남쪽으로 내려간 명나라 장수가 울산포에 있는 가토 기요마사의 진을 함락시켰다. 이에 기요마사는 겨우 7천여 명의 군사를 데리고 달아나서 산 위에 진을 쳤고, 명군은 그 주위를 에워 쌌다. 포위된 지 12일이 되어 왜적의 굶주림과 목마름이 극심했는데, 때마침 눈이 내리고 대규모의 구원병이 몰려 왔다고 한다.

며칠 뒤, 명군의 형세가 불리해지며 울산성에서 퇴각했다. 기요마사가 도산산성에 세 겹의 성을 쌓았는데, 그중 두 성을 공격하여 부수었으나 남은 성은 요충지에 매우 견고하게 지어 절대 함락시킬 수 없는 형세였다. 병사들이 굶주리고 추위에 떨었으며 쓰러져 죽는 말도 하루에 수백 필 남짓 되었다. 게다가 왜선 백여 척이 물길을 통해 진격했고 육지의 왜적도 산 위에 무수히 진을 쳤다.

명나라 장수 양호가 몹시 두려워하면서 전령을 내려 군대를 후퇴시키자 진중이 크게 어지러워졌고, 왜적이 이 혼란한 틈을 타 크게 소리치며 진격했다. 양호가 안동에서 한양으로 갈 때 군대를 나누어 영천, 대구, 경주, 안동 등지에 주둔시켰는데, 왜적에게 군량미와 무기를 모조리 빼앗겼다고 한다. 나랏일이 이 지경이 되어 백성이 의지할 곳이 다시 없어졌으니, 통곡하고 싶은 심정이었다. 나 역시 언제 죽을지 몰라 불안했다. 하늘이 순리를 돕지 않고 왜적을 돕는 듯하여, 무심한 하늘을 원망했다.

울산의 왜적은 다시 산성을 쌓느라 날마다 나무를 베고 재목을 옮기며 오래도록 주둔할 계획을 세웠다. 경상우도에는 수시로 왜적이 출몰하며 초계, 단성, 함양, 거창 근처에서 밤을 틈타 민가를 습격하여 분탕질했다. 이에 겨우 돌아와서 살던 백성마저 뿔뿔이 흩어져 길가에 피란 행렬이 끊이지 않았다.

하루는 열 명쯤 되는 명나라 군사가 근처 인가에 와서 재물을 빼앗고 백성을 마구 때린 뒤, 그 길로 원적사로 갔다는 소식을 들었다. 혹시나 그들이 우리가 사는 곳으로 온다면 윤겸의 식구들과 모여 문을 닫고 굳게 지킬 생각이었다. 마을 사람들이 대부분 군량을 실어 나르는 일로 나간 상황이었으므로 명군의 무리를 제지할 수 없어 근심이 매우 컸다. 그들이 원적사에서 고개를 넘어 다른 길로 가기를 바랄 뿐이었다.

6월 30일에는 명나라 군사 2만 8천 명이 한양에 도착했다는 소식을 들었다. 그런데 이들에게 줄 식량을 마련할 방도가 없어서 임금과 대신이 눈물을 흘리고 있을 뿐이었다. 이에 전국의 생원, 진사, 유생 중 난리를 피한 이들에게 각자 쌀을 거두어 바치라는 문서가 이르렀다. 하지만 봄 이후로 관원에게 급료로 지급해야 하는 쌀을 제대로 주지 못했기에 식량을 얻을 길이 없어 굶주리는 자가 많았다.

7월에는 흉악한 왜적이 영천에 이르러 군량을 빼앗아 저들의 진으로 돌아갔다. 한편 남쪽으로 내려간 우리의 대군은 양식이 떨어져서 흩어질 지경이라, 위급함을 알리는 글이 여러 현에 이르렀다. 이에 관찰사가 죽령 아래로 직접 가서 식량 운반을 독려했다. 평강에서도 이십여 짐바리(말이나 소로 실어 나르는 짐)를 마련하고 예초군(풀을 베는 병사)을 징발해야 했다. 하지만 두 가지 부역을 동시에 거듭 징발하려니, 전에 부역에 나갔던 이들이 아직 돌아오지 않아 사람들이 동요하고 허둥댔다. 이런 절박한 상황을 차마 지켜보기 어려웠다. 이후 군량 운반이 지체되어 관찰사가 조정에서 책망을 받았다. 그 책임이 응당 수령인 윤겸에게까지 미칠 것 같아서 걱정됐다.

10월 무렵, 명나라 군사와 우리 군사가 함께 울산, 사천, 순천, 그리고 바다 등 네 방향으로 나누어 왜적을 공략했다. 특히 명나라 제독 마귀가 군대를 이끌고 울산을 공격했는데, 성이 견고하여 쉽게 치지 못했다. 두세 번 반복하여 나아가고 물러가다가 끝내 들어가지 못했고, 결국 우리 군사가 먼저 무너져서 각기 흩어져 돌아갔다.

이순신이 왜적의 탄환에 맞아 죽다

11월 18일에 가토 기요마사가 도산에 자리 잡은 자신들의 소굴을 불태우고 떠났다. 순천에서도 명나라 수군 장수 진린이 우리 수군과 힘을 합쳐 대승을 거뒀고, 이에 왜적은 바다를 건너 도망쳤다. 19일에는 명나라 수군과 우리 수군이 도망가는 왜적을 뒤쫓아 공격하여 많은 왜적의 머리를 베었다. 하지만 전투 중 통제사 이순신이 왜적의 탄환에 맞아 전사했다. 이 소식을 들은 주상께서 이순신을 우의정에 추증(죽은 사람의 관직을 높여 주는 것)하셨다.

난리 초부터 전라도의 보루였던 이순신이 왜적의 탄환에 죽었으니, 이제 누가 그를 대신할 수 있을까? 그의 죽음은 온 나라의 불행이다. 흉악한 왜적이 와서 소굴을 만든 지 7년 만에 돌아갔다. 하지만 우리 군과 명군은 왜적의 장수를 한 명도 베지 못한 반면, 왜적의 손에 목숨을 잃은 우리 장수와 군사는 몇 명이나 되는지 알 수 없다. 분하고 애통하다.

영암 매부 임극신이 왜적의 손에 죽다

왜적이 모두 도망갔건만, 그들의 손에 죽은 이들은 돌아오지 못한다. 왜적의 후퇴 소식을 들으니, 정유년(1597)에 둘째 누이 가족에게 닥친 불행이 더욱 안타깝게 느껴졌다.

다시 쳐들어온 왜적은 둘째 누이 가족이 살고 있던 전라도 영암까지 들어갔다. 누이네는 왜적이 가까이 왔다는 소식을 듣고 배를 타고 바다 어귀로 나갔으나, 적의 배가 뒤쫓아 오는 바람에 다시 육지에 내려 집으로 숨었다. 왜적은 누이의 집까지 쳐들어가 매부 임극신을 죽이고 딸 경온을 포로로 잡아갔다. 경온은 겨우 열 살로, 제 어미의 품을 떠난 적이 없는 아이였다. 일가에서 부리던 여자 종 네 명과 외거 노비 등 도합 열두 명이 포로로 붙잡혀 갔고, 집안의 재산과 소와 말도 모두 약탈당했다. 누이는 당시 몸에 지니고 있던 칼로 목을 찔러 온몸에 피가 흘렀는데, 이 때문에 화를 면할 수 있었다. 누이의 집안에 왜 이리 모진 일이 일어난 것일까?

나중에 받은 누이의 편지를 보니, 가을이 되어 임극신의 조카가 오면 장례를 지낸다고 한다. 임극신이 죽은 뒤에 서자 집안 사람과 이웃 마을 사람 중에 누이를 업신여기고 함부로 대하는 자가 많아 사는 것이 힘겹다고 한다. 평소에도 그렇지만 이 험한 시절에 여자 혼자 살아간다는 것이 어찌 쉽겠는가?

임매의 목소리

목에 넣은 칼보다 아프구나

　나는 혼례를 올리고 친정을 떠나 남편의 집이 있는 전라
도 영암에 살고 있었다. 임진년(1592)에 왜놈들이 쳐들어오
기 한 달 전쯤, 오랜만에 큰 오라버니가 찾아왔다. 반가운
마음에 맨발로 뛰어나가 오라버니를 맞이해 9일 동안 온갖
정성을 다해 대접했다. 오라버니가 돌아가기 전날에는 소
한 마리를 잡아 잔치를 벌였다. 남편은 내가 친정에서 멀리
떨어져 홀로 지내는 것이 안쓰러웠는지, 친정 식구들이 방
문할 때마다 반갑게 맞이하고 융숭하게 대접하곤 했다. 비
록 몇 년에 한 번 있을까 말까 하는 일이었지만, 그때마다
남편에게 고마웠다.

　난리가 터진 다음 해에 큰 오라버니가 병에 걸려 위독
해지자, 셋째 오라버니가 어머니를 모시고 우리 집에 왔다.
이듬해 큰 오라버니가 회복하여 어머니를 다시 모시고 가
기 전까지, 친정 어머니와 함께 생활한 1년은 나에게 크나
큰 행복이었다.

어머니가 다시 태인의 큰 오라버니 집으로 돌아가실 때 어머니와 나는 서로를 부여잡고 통곡했다. 어머니에게 별로 해 드린 것이 없는 것 같았고, 이제 늙으신 어머니를 언제 다시 볼 수 있을지, 이 난리 통에 무사하실지 걱정됐다. 어머니도 비슷한 생각을 하셨을 것이다.

그래도 임진년 난리 때는 큰 피해를 보지 않았다. 하지만 정유년에 왜놈들이 다시 쳐들어왔을 때는 상황이 달랐다. 왜군은 전라도 사람의 씨를 말리라는 명령을 받았다고 한다. 그래서인지 우리 마을까지 왜놈들이 들이닥쳤고, 급기야 우리 집까지 들어왔다. 그놈들은 막아서는 남편을 죽이고, 열 살 된 딸 경온과 노비들을 포로로 데려갔다. 소와 말을 포함하여 재물이 될 만한 것도 모두 쓸어 가 버렸다. 나는 어떻게 할 수가 없어, 지니고 있던 은장도로 목을 찔렀다. 다행인지 불행인지 피투성이가 된 까닭에 적의 손에 죽거나 잡혀가지 않았다. 집안이 풍비박산났는데, 살아남아 무엇할까.

그럼에도 죽지 않고 남편의 장례를 치렀다. 내 딸 경온이 살아 돌아오기를 간절히 바랐건만, 경온마저 적진에서 병을 얻어 죽었다는 소식을 들었다. 경온이 적에게 더 이상 욕을 당하지 않고 병으로 죽은 것을 다행이라고 해야 할까. 불쌍한 내 딸. 왜 이런 시기에 태어나서 꽃도 피우지 못하고 죽었을까.

남편이 죽자 주변 사람들, 심지어 남편의 집안사람들마저 나를 업신여기며 함부로 대했다. 가까운 사람들이 더 무섭다. 더 이상 의지할 데가 없다. 어찌 사람들이 이러할까. 남편과 딸이 죽은 뒤 혼자 살아가려니, 함께했던 기억이 생생하게 떠오른다. 나는 어느새 병을 얻고 살아갈 희망을 잃어, 몸도 마음도 어찌할 수 없게 되었다. 숨이 가쁘고 기침이 멎지 않는다. 좀처럼 잠을 이룰 수 없다.

친정 식구들은 강원도 평강에 있어, 도움을 청하기도 어렵다. 이 몸으로는 강원도까지 갈 수도 없고, 억지로 가려해도 왜놈들이 곳곳에 자리하고 있으니 갈 방도가 없다. 어머니, 오라버니들, 동생들 모두 보고 싶다. 왜놈들은 어찌 남의 나라에 쳐들어와 한 가정을 파괴해 버렸는가? 나는 무엇을 잘못하여 가족을 지키지 못했는가? 왜놈들이 사무치게 원망스럽다.

전쟁은 끝나도 한양에 들어온
명나라 군사의 폐해가 더해지고

왜적과의 전쟁은 끝났지만 기해년(1599) 2월이 되어 명나라 군사가 남쪽에서 올라와 도성 안을 가득 채운 채 재물을 약탈하거나 온갖 패악을 일삼는다고 한다.

3월 3일에 온 맏사위 신응구와 딸의 편지를 보니, 명나라 군사를 피해 지난달 초에 황해도 봉산에서 신천으로 옮겼다고 한다. 그런데 그곳에서도 불편한 일이 많아서 또 다른 곳으로 옮겨 명군이 철수하기를 기다렸다가 봉산 옛집으로 돌아가 여름을 보낸 뒤 한양으로 갈 계획이라고 한다.

윤겸은 편지로 명나라 군사가 한양에서 온갖 포악질을 일삼는다고 전했다. 덕노는 명나라 군사에게 말을 빼앗겨, 평산까지 따라가 말을 다시 훔쳐 나왔으나, 도로 잡혀서 매를 맞고 거의 죽다 살아났다고 한다. 명나라 군사들이 이렇게나 무도하여 함부로 사람을 때리는 것은 예사고, 백성의 재산을 약탈하는 데도 거리낌이 없다. 이들의 횡포에 살기 어렵다고 호소하는 사람들이 많다고 한다.

조선의 정보 통신

오희문은 왜군이 1592년 4월 13일에 부산진에 쳐들어왔다는 소식을 3일 만에 접했다. 1597년에 왜군이 다시 쳐들어왔을 때도 전황을 비교적 자세히 파악하고 있는 것으로 보인다. 지금처럼 인터넷이나 라디오 등 원거리 통신 매체가 발달하지 않았던 조선시대에 이런 사실을 어떻게 알 수 있었을까?

조선시대에는 전국의 주요 산꼭대기에 봉수대를 설치하여 낮에는 연기로, 밤에는 불빛으로 위급한 상황을 알렸다. 이 같은 통신 제도를 봉수 제도라고 부른다. 하지만 임진왜란 당시 봉수 제도는 제 기능을 발휘하지 못했다. 부산에서 한양까지 거리가 멀기도 했고, 구름과 안개로 인해 그나마 피운 불을 잘 판별할 수도 없었다.

설사 봉수가 제 역할을 했다고 해도, 적의 세세한 동태나 급박한 상황을 자세하게 전달하기는 어려웠다. 이후 조선은 명군이 파발을 통해 베이징으로 상황을 알리는 것을 보고, 정유재란 때는 적극적으로 파발을 활용했다.

조보는 승정원에서 직접 작성하여 중앙 기관과 지방에 조정의 소식을 알리던 수단으로, 오늘날의 신문과 비슷한 역할을 했다. 조보는 단순히 소식만 알리는 데서 그치지 않고, 조정의 사상을 주입하는 역할도 했다. 오희문도 조보를 통해 명군과 왜군의 진격 소식 등을 파악하였다.

이 외에도 오가는 사람들이 전하는 소문을 통해 먼 곳의 소식을 알 수 있었다. 소문 중에는 사실에 가까운 것도 있었지만, 그야말로 소문에 그치는 것도 많았다. 때때로 소문에 여러 사람의 말이 추가되어 사실과 전혀 다른 이야기가 만들어지기도 했다. 이로 인해 사람이 죽거나 사는 일도 있었으니, 소문을 완전히 믿기는 어려웠다.

조선시대에 가장 일반적인 정보 전달 수단은 편지였다. 소식을 전하거나 안부를 묻거나 물건을 청하거나 부탁을 할 때, 대부분의 사람들이 편지를 썼다. 당시에는 우체국이나 집배원이 없었기 때문에 편지를 전하기 위해 노비나 심부름꾼을 보냈다. 보낼 사람이 없는 경우 편지를 보내는 지역으로 가는 사람에게 편지 전달을 부탁하기도 했다. 이처럼 편지를 전달하는 공식적인 체계가 없었기 때문에 때론 먼저 보낸 편지보다 나중에 보낸 편지가 더 일찍 도착하기도 했고, 편지가 중간에 사라지기도 했다.

극악한 왜군과 무도한 명군의 틈바구니에서

일본 교토에 가면 지금도 귀무덤이 있다. 사실은 코무덤인데, 너무 잔인하다고 생각하여 귀무덤으로 이름을 바꿨다고 한다. 임진왜란을 일으켰던 도요토미 히데요시는 1597년에 다시 조선을 침략하며 부하들에게 조선인을 죽이고 그 증거물로 코를 베어 오라는 명령을 내렸다. 당시 왜군을 따라 조선에 온 승려 게이넨은 직접 쓴 일기에 "일본군이 죽은 자의 코를 베어 대바구니에 넣으니, 잘린 코가 가득했고, 길바닥은 붉은 피로 젖어 있었다"라고 적었다. 왜군은 방화, 살인, 강간, 약탈 등을 저지르며 7년 동안 조선 땅을 황폐하게 했다.

조선을 도우러 왔다는 명군도 조선인을 힘들게 한 것은 마찬가지였다. 특히 황해도와 강원도에서는 명군에 물자와 부역을 제공하다가 괴로움을 견디지 못하고 도망치는 백성이 많았다. 명나라 병사들은 머물거나 오가는 길에 소란을 피우고 물건을 빼앗고 멋대로 사람을 때렸다. 잘못도 없이 거의 죽기 직전까지 얻어맞은 사람도 많았다. 사람들은 명군이 두려워 집에 숨어 지냈다. 그러나 집 안까지 들어온 명군이 집을 빼앗고 그대로 머무는 경우도 있었다.

당시 전쟁에서는 상대 병사의 머리를 베어야 공이 인정됐다. 베어 온 적군의 머리 개수에 따라 벼슬이나 포상을 주기도 했다. 전쟁의 공을 자랑하기 위해 상대편의 머리를 긴 나무에 걸어 일렬로 세워두기도 했다. 이 모두가 전쟁으로 인한 것이었다. 잔인한 전쟁이었다.

9

세월은 꿈같이 흐르고

환갑을 맞다

기해년(1599)에 접어들어 나도 환갑을 맞았다. 이때까지 살아온 것이 기쁘면서도 앞으로 살아갈 날이 얼마 남지 않은 듯하여 안타깝다. 문득 지나온 때가 생각나면 그동안의 일기를 꺼내 본다. 난리 통에 가장 힘들었던 계사년(1593)과 갑오년(1594)에 쓴 일기를 읽어 보니, 떠돌아다니던 시절의 고생을 이루 다 표현할 수 없다.

난리를 일으켜 우리 가족을 떠돌게 한 왜놈들, 가족의 생사도 모른 채 산속에 쪼그려 앉아 있던 내 신세, 죽도 제대로 먹지 못하던 곤궁함, 제수거리(제사에 쓰는 물품)도 구하지 못하던 형편, 도움을 외면하던 수령들, 게으름을 피우던 노비들, 병아리를 물고 간 고양이, 곡식을 파먹는 쥐들. 이 모든 것이 당시 나의 분통을 터지게 했다.

지금 돌이켜 보면 별일이 아니라 우스운 상황도 많았건만, 그때 나는 순간의 분을 참지 못했다. 차오른 화가 눈 녹듯 사라질 때도 있었지만, 마음에 쌓여 화병이 날 때도 많았다. 그래도 우리 가족들이 무사하던 시절에는 때로 먹거리가 부족한 형편을 탄식하긴 했어도, 비통하고 가슴 아픈 일은 없었다. 그러나 막내딸 단아가 죽은 뒤엔 좋은 일이 있을 때마다 떠오르는 그 아이의 모습에 슬픔을 가눌 길이 없었다.

누이와 막내딸이 죽은 뒤에도 나의 삶은 계속됐고, 점차 이곳에서의 평화로운 생활에도 적응했다. 그러나 고향을 떠나 계속 살 수는 없으므로, 전란의 피해가 정리되면 한양으로 돌아갈 생각이다. 아직 구체적인 계획을 세운 것은 아니지만, 머지않아 떠난다고 생각하니 평강으로 와서 보낸 일상이 하나둘 머릿속을 스쳐 지나간다. 이제 그 기억을 하나하나 정리하고자 한다.

평강에서의 일상

정유년(1597)에 큰아들 윤겸이 수령으로 있는 평강에 온 가족이 모이게 되었다. 어머니는 우리보다 먼저 임천을 떠나 한양에 계셨다가 5월에 평강으로 오셨고, 세 달 후 윤해의 가족들도 평강에 도착했다. 윤함네는 멀리 황해도 해주에 자리 잡고 살던 터라 오지 못했다. 큰딸네도 이곳에 살면서 농사를 지어 보려고 했으나, 사위 신응구가 와서 요모조모 따져 보더니 아무래도 조상님들 곁에서 지내는 것이 마음 편하겠다고 했다. 평강에서 함께 살면 매일 소식을 들을 수 있어 좋았으련만, 사정이 여의찮아 슬프고 안타까웠다.

평강에 온 후로는 전처럼 분통 터지는 일이 많지 않았다. 정유년(1597)에 왜놈들이 다시 쳐들어와 곤란을 겪기는 했지만, 다른 사람들에 비하면 여유로운 일상을 즐겼다. 나는 주로 들녘의 풍요로움을 바라보고, 이웃들과 뱃놀이를 하며 술을 나누고, 물고기를 잡고, 가족과 이야기를 나누며 시간을 보냈다.

임천에서처럼 이곳에서도 아주 가까이 지내는 이웃들이

생겼다. 전업, 김언보, 민시중 등이 매일 아침저녁으로 나를 찾았다. 나는 이들에게 많은 도움을 받았다. 전업은 내게 물고기며 꿩, 농사지은 것 등을 틈틈이 나눠 주었다. 김언보와 민시중은 우리 식구가 거처하는 집의 주인이기도 했는데, 이들은 내게 곤란한 일이 생길 때마다 나서서 적절히 문제를 처리해 주었다.

우리 집 근처에 원석사와 부석사가 있어, 기분이 내킬 때면 절을 방문했다. 부석사의 중 법련과는 가끔 바둑을 두었고, 종종 절에서 중이 내려와 짚신을 갖다 바쳤다. 때때로 절로 콩을 보내 두부나 연포를 만들게 하여 사람들과 나눠 먹기도 하였다.

마르지 않는 샘, 고기잡이

물고기는 낚시로도 잡을 수 있지만, 나는 주로 앞 여울에 어살을 쳐서 물고기를 잡았다. 이곳에는 빙어, 누치, 쏘가리 등이 잡혔다. 어살을 쳐 놓으면 가끔씩 불청객인 따오기가 어살 근처에 있다가 어살에 갇힌 물고기를 쪼아 먹었다. 사람이 물고기를 훔쳐 갈 때도 있었다. 물때에 그물을 쳐 물고기를 수백 마리나 잡을 때가 있었는가 하면, 그물이 찢어져 몇 마리에 그치는 날도 있었다.

그렇게 잡은 물고기들이 얼마나 요긴했는지 모른다. 무엇보다 아침 식사 때 탕을 끓여 어머니께 올릴 수 있어 좋았다. 또한 포를 뜨고 소금에 절여 말리거나 구우면, 가족 모두가 물고기 반찬을 먹을 수 있었다. 가끔 회를 떠서 겨자를 곁들여 추로주나 소주와 함께 먹으면 마치 세상을 얻은 것 같았다.

날쌘 작은 매를 도둑맞다니

평강의 웬만한 집에서는 매를 한 마리씩 키우며 꿩 사냥을 한다. 꿩고기 반찬은 사시사철 식욕을 돋우지만, 특히 겨울철에 요긴하다. 어머니께 올릴 고기반찬으로도 부족하지 않다. 관아에서 매를 키우는 까닭에, 피란 온 사람들이 이

따금 찾아와 매를 구해 달라고 성화를 부려 몹시 시끄럽다. 그럼에도 관아에서는 조금도 도와줄 길이 없다며 사람들을 돌려보내곤 한다.

정유년(1597)에 윤겸이 나에게 매를 보내 준 일이 생각난다. 근처에 사는 사람이 잡은 보라매였는데, 몸집이 한 뼘도 채 되지 않았다. 이 매를 이웃에 사는 김억수에게 길들이게 했다. 며칠 뒤 김억수가 처음 이 매를 날렸더니, 매가 꿩 한 마리를 잡아 왔다. 그렇게 매로 꿩을 사냥하던 어느 날, 여느 때와 마찬가지로 김억수가 앞산에 매를 날렸는데, 날아간 매가 그길로 도망가 돌아오지 않았다. 그때까지 잡은 꿩이 스물 한 마리였으니, 하루 평균 꿩 세 마리를 잡아 온 셈이었다. 비록 몸집은 작아도 꿩을 잡는 재주가 큰 놈보다 나았다. 다음 날까지 매를 찾지 못해 안타까워했는데, 이틀 뒤 저녁 무렵에 전업의 아들 전풍이 앞들의 소나무에 앉아 있는 내 매를 발견하고 나를 찾아와 알려 주었다. 즉시 김억수 등을 시켜 살아 있는 닭으로 매를 유인했지만, 이틀 동안 꿩을 잡아먹어 배가 불렀는지 닭을 보고도 아무런 관심을 보이지 않았다. 이에 밤이 깊어지기를 기다렸다가 불을 밝히고 목을 매어 잡아 왔다. 얼마나 기쁘던지. 이틀 사이에 매는 해방감을 만끽했을까? 도망간 동안 몹시 살쪄서 길들이기 어려운 상태가 된 까닭에 다시 길들여 날리기까지 오랜 시간이 걸렸다.

며칠 뒤 사위 신응구의 모친이 돌아가셔서 빈소를 다녀오느라 작은 매에게 신경을 쓰지 못했다. 그사이 매는 다시 사냥을 나가 예전처럼 날쌘 솜씨로 꿩을 잡아다 주었다. 혼자서 네 마리를 잡은 날도 있었다. 나는 재주가 좋은 이 매를 매우 아꼈는데, 어느 날 이천에 사는 사람이 내 매를 훔쳐 갔다는 소식을 들었다. 나는 김억수를 보내 매를 돌려받으려 했으나, 그자가 매를 잃어버렸다고 핑계를 대며 주지 않았다. 이에 매를 되찾아 오기 위해 윤겸을 시켜 이천 현감에게 편지를 보내 그자를 잡아 가두게 하였다. 결국 김억수가 그에게 내 매 대신 다른 매를 받아 왔다. 이천 현감이 그자에게 매를 돌려줄 것을 독촉하자, 밭을 팔아서 매로 바꾸어 보낸 것이라고 했다. 새로 받은 매는 몸집이 조금 컸다. 김억수가 좋은 자질을 지닌 매라고 말해 주었으나, 날려 보기 전까지는 모를 일이었다.

매를 잡아 말 살 밑천을 마련하려는 기대

당시 내 소원은 매를 직접 잡아 길들여서 꿩 사냥을 해 보는 것이었다. 그래서 매를 잡으려고 여러 번 매 그물을 쳤다. 무술년(1598)에는 매 그물을 쳐 놓고 먹잇감으로 닭을 매어 두었는데, 사흘 동안 가 보지 못했더니 그만 닭이 굶어 죽어 버렸다. 매를 잡겠다고 하다가 이런 식으로 닭 다섯 마리를 헛되이 잃어버렸다. 언젠가 기필코 매를 잡아서 말 살 밑천을 마련하리라고 다짐했다.

계속되는 실패에도 나는 새로 매 그물을 쳤다. 어느 날 이웃에 사는 최판관이 큰 매를 잡았다는 소식을 들었다. 내 그물에는 겨우 토끼 한 마리 잡힌 것이 전부였다. 매를 유인하기 위해 매어 놓은 닭은 여우와 살쾡이의 먹이가 되었다. 내가 조금 더 주도면밀하게 그물을 치지 못한 탓이라는 생각이 들었다. 마침 사람들이 술과 떡을 정갈하게 마련해 산신에게 제사를 지내면 매가 잡힐 것이라고 이구동성으로 말하기에, 춘금이 등에게 제사를 지내게 했다.

제사도 지냈으니 매가 잡히리라 희망을 가져 보았지만,

제사를 지내자마자 매 그물에 매어 둔 닭을 호랑이가 잡아 먹고 그물대도 부수어 놓았다. 그 뒤에도 몇 번 시도했지만 매가 잡히는 행운은 오지 않았다.

강원도에서만 맛볼 수 있는 고기 맛

강원도에는 숲이 우거져 여러 동물이 있다. 그래서 임천에서는 먹어 보지 못한 고기를 맛볼 수 있었다. 정유년(1597) 어느 날, 관아 근처의 들에 사는 노루가 여염집에 뛰어들었다가 동네 개에게 물려 죽은 일이 있었다. 개 주인이 죽은 노루를 관아에 갖다 바쳤기에 곧바로 칼로 잘라서 구워 먹었다. 무술년(1598)에는 북면에서 큰 사슴을 잡았다며 사슴고기를 보내왔다. 오랫동안 고기를 먹지 못하던 차에 맛 좋은 음식을 얻었으므로 바로 온 식구와 함께 먹었다.

이곳에는 곰도 있다. 하루는 직동에 사는 백성이 곰을 잡아먹고 와서는 가죽과 쓸개를 바쳤다. 관아에서 알면 벌을 받아 값을 도로 물게 될까 두려웠기 때문이다. 고기와 기름도 조금 가져왔다. 그 덕에 맛본 곰고기의 맛은 일품이었다. 특히 곰 발바닥 구이는 세상 무엇에도 비하기 힘들 만큼 맛 있었다. 그 좋은 맛은 먹어 본 자만이 안다.

표범들도 간혹 모습을 드러낸다. 정유년(1597) 11월에 전 풍이 표범이 물어 죽인 사슴을 보았다. 표범 여러 마리가 사 슴의 고기는 다 먹어 버리고 가죽만 조금 남겨 둔 상태였단 다. 그 옆에 표범도 한 마리 죽어 있었는데, 전풍은 아마 표 범들이 저들끼리 싸우다가 한 마리가 죽었을 거라고 말했 다. 그로부터 한 달 뒤, 작은 표범 한 마리가 뒷마을에 파 놓 은 함정에 빠졌다. 여자아이들이 그 소식을 듣고 보고 싶어 하기에 표범을 실어 오게 했다. 표범의 몸집은 한 살짜리 망 아지만 했고, 털이 빠진 것이 늙은 표범이었다.

이천에서는 표범 가죽으로 벼슬을 살 수 있다고 들었던 터라, 무술년(1598)에는 표범 가죽을 구해 덕노를 통해 이 천으로 보냈다. 당시 넉넉하게 값을 받아 말을 살 생각에 흡 족했던 기억이 아직도 잊히지 않는다.

멧돼지도 자주 먹었다. 하루는 마을 사람 열 명 정도가 뒷 산에서 멧돼지를 잡는다고 내 활과 화살을 빌려 갔는데, 큰 멧돼지를 잡아서 몰래 나누어 먹고는 나에게 고기 한 점도 바치지 않았다. 알면서도 모르는 척했더니, 그들이 이 사실을 먼저 알아채고 와서 변명을 늘어놓았다. 참 가소로웠다.

전부터 알고 지낸 이가 멧돼지를 삶아서 보내 준 적도 있었다. 호랑이가 잡아먹고 있던 멧돼지를 빼앗아 온 것이라고 했다. 받자마자 바로 먹고 소주 한 잔을 들이켰다. 날이 오래되어 맛이 갔다고 했지만, 고기 맛을 못 본 탓이었는지 맛이 간 줄도 모르고 달게 먹었다.

냇가에는 수달이 자주 모습을 드러냈다. 하루는 이른 아침에 윤성이 우연히 냇가에 나갔다가 마침 수달이 바위 구멍으로 들어가는 것을 보았다. 그길로 그물을 펼치고 불을 놓아 연기를 쐬어서 수달을 나오게 한 뒤 몽둥이로 때려잡았다. 수달 가죽은 팔아서 요긴하게 썼다.

기러기를 잡아먹은 적도 있다. 무술년(1598) 어느 날, 마침 큰 기러기가 독수리에게 붙잡혀 날개가 부러진 탓에 깊은 못에 떨어져 첨벙거렸다. 춘금이가 먼저 발견하여 돌멩이를 던져 날개를 맞혔고, 그 뒤 모두가 돌을 던져 기러기를 잡았다. 푹 삶아서 함께 먹으니, 그 맛이 매우 좋았다. 다리

하나를 가져와 어머니께 드렸다.

냇물에 담가 둔 고기는 누가 가져갔을까

강원도로 오니 고기를 가져다주는 사람이 많다. 더구나 아들이 수령이니 좋은 고기를 많이 먹을 수 있었다. 그러나 복날처럼 무더위가 기승인 날에는 고기를 보관하기 어려웠다. 정유년(1597)의 일이다. 저녁에 먹고 남은 돼지고기를 광주리에 넣어 흐르는 냇물에 담가 두었는데, 밤사이 내린 큰비로 모래톱이 잠기는 바람에 고기의 행방이 묘연했다. 떠내려가지 않았다면 제자리에 있겠지만, 물이 빠지기를 기다렸다가 찾아내면 상해서 먹을 수 없을 터였다. 결국 이틀이나 지나서야 돼지고기를 꺼낼 수 있었다. 물이 차서 상하지는 않지만, 삶아 먹어 보니 맛이 조금 변해 있었다.

그로부터 며칠 뒤, 냇물에 두어 차게 해서 어머니께 드리려 했던 꿩 반 마리가 사라진 일이 있었다. 전에도 여러 번 고기를 물에 담가 두었으나, 도둑맞은 적이 없었으므로, 이웃의 짓은 아닌 듯했다. 하지만 마을 아이들이 훔쳐 먹었을 가능성도 배제할 수 없었다. 며칠 뒤에도 노루 다리 두 개와 노루 척추뼈 두 개, 꿩 두 마리를 버드나무 그릇에 담아 물에 두었다가, 담갔던 그릇째 모두 잃어버렸다. 근처에 꿩 한 마리를 뜯어 먹고는 버린 듯한 뼈가 물에 떠 있었기에, 아마도 수달의 소행일 거라고 생각했다.

그런데 다음 날 아침, 잃어버렸던 노루고기와 꿩고기 그릇이 앞 여울로 흘러 내려왔다. 건져서 보니 다리 하나만 없어졌고, 다른 고기들은 온전히 그릇에 있었다. 아마 물에 담글 때 끈을 매지 않아서 그릇이 물속 깊이 들어갔다가 떠오른 듯했다. 애먼 마을 아이들도 모자라 말도 못 하는 수달까지 의심했으니, 모두에게 미안했다. 아직도 당시를 떠올리면 부끄러울 뿐이다.

가축도 키우기 어려워

족백이는 임천에 살 때 이웃에서 데려와 키우다가 이곳

까지 함께 온 강아지다. 다리에 흰 무늬가 있어 이름을 족백이라 했다. 평강에 도착한 지 세 달쯤 지났을 때, 호랑이가 족백이를 쫓았다. 분명히 호랑이에게 잡아먹히고 말 것이라고 생각했는데, 우려와 달리 족백이는 잠시 뒤 집으로 돌아왔다. 그렇게 3년 동안 우리 집에서 살던 족백이가 작년(1598)에 갑자기 죽어 버렸다. 허리 아래를 쓰지 못하다가 죽은 것을 보면 분명 사람에게 맞아서 허리가 부러진 듯하다. 아무리 동물이라지만 누가 이런 짓을 했는지 이해할 수 없었다.

같은 해에 희철네에서 키우는 백구가 우리 집 병아리를 물어 죽였다. 언젠가 병아리 한 마리가 물려 죽어서 길가에 버렸는데 솔개가 채 갔다. 또 한 마리를 물었을 때 죽기 직전에 구해서 살려 놓았는데, 백구가 다시 물어 죽이는 바람에 분통이 터졌다. 그놈의 개를 죽이자니 차마 못하겠고, 그대로 두자니 분명 병아리를 죄다 죽이고야 말 것 같았다. 백구도 제 잘못을 알았는지 멀리 달아나 돌아오지 않았다. 그런데 이놈이 다음 날 아침에 또 병아리를 물어 죽였다. 그땐 참을 수 없을 만큼 화가 치밀었지만, 지금 생각하면 그 작은 강아지에게 그렇게 화를 낼 필요가 있었나 싶다.

얼마 전에는 집에서 기르는 암고양이가 봄이 된 뒤로 수컷을 부르면서 밤낮을 가리지 않고 사방으로 분주히 돌아다녔다. 그런데 이웃에도 수컷이 없어서 며칠 동안 암고양이 울음소리가 그치지 않았다. 그랬던 녀석이 이제는 어디로 갔는지 알 수 없다. 아마 호랑이에게 물려 간 듯하다. 아깝다. 이 고양이가 돌아온 뒤로 집 안의 쥐들이 잠잠해져서 한 걱정 덜었는데, 이제 고양이가 없으니 아마 쥐들이 신나게 곡식을 축낼 것이다.

쥐들도 배가 고프겠지

곡식을 수확하면 늘 쥐들이 들끓었다. 저들도 배가 고프겠지만 애써 키운 곡식을 먹어 치워서 너무 밉다. 올해 (1599)도 어김없다. 돌이켜 보면 평강에 온 뒤 평화로운 일상에서도 쥐들과의 싸움은 끊인 적이 없었다.

정유년(1597)에 춘금이를 시켜 밭두둑에 쌓아 두었던 콩을 묶어서 실어 오게 했다. 이를 한곳에 두었다가 느지막이 가서 확인해 보니, 들쥐가 집을 짓고 콩을 모두 물어다가 제 집에 감추어 두고 있었다. 종들을 시켜 들쥐의 집을 파내게 했더니 두어 말이 넘는 콩이 나왔다.

작년(1598)에는 병아리를 키우기 위해 기르던 고양이를 부석사에 보냈다. 그런데 그 뒤부터 쥐들이 들끓어, 집에 저장해 둔 것 중 온전한 물건이 없다. 더 이상 참을 수가 없어서 급기야 사람들의 방 안에도 쥐덫을 놓았다. 그러자 날마다 서너 마리, 적게는 두 마리가 덫에 걸렸다. 지금까지 잡은 쥐의 수를 세 보니 쉰여섯 마리다. 쥐가 덫에 걸리면 얼마나 통쾌한지, 그동안 쥐로 인한 손해와 마음고생을 보상받는 기분이다.

그러나 아무리 잡아도 쥐는 사라지지 않았다. 하루는 쥐들이 메밀 한 섬을 먹어 치웠다. 남은 것을 되어 보니 여덟 말뿐이었다. 열두 말이나 없어진 것이다. 작년에 부석사에 고양이를 보낸 것이 무척이나 후회된다. 주변에 고양이를 기르는 집이 드물어 새끼 고양이를 빌리려 해도, 대가를 요구하니 인심도 쥐처럼 밉다.

뽕잎을 따느라 만사를 제쳐 두다

임천에서 누에를 키우기 시작해 평강으로 옮겨 온 뒤에도 계속 누에를 쳤다. 누에가 뽕잎을 한창 먹을 때 뽕잎을 대는 것이 쉽지 않지만, 약 한 달 남짓만 애쓰면 누에고치를 얻을 수 있으므로 괜찮은 작업이다. 누에치기는 주로 여자들이 하는 일이라고는 하지만, 뽕잎을 따오기 위해서는 남자 종들도 필요했다.

누에치기는 매년 4월이나 5월경에 뽕잎이 크게 자라면 시작한다. 작년(1598) 5월에는 한 집안에서 작업할 수 있는 양을 생각하지 않고 지나치게 많은 누에를 치는 바람에 온 집안 노비가 뽕잎을 따러 다녀야 했다. 누에가 잘 자라 안방과 사랑채에 만든 선반의 위아래에 가득 차면, 날마다 뽕잎을 따 와도 양이 모자라 누에가 굶을 때가 많았다. 그러다 보니 밭에 풀이 무성한데도 밭 갈고 김매는 일을 미처 돌보지 못할 때도 있었다.

우리뿐 아니라 다른 사람들도 누에에게 먹일 뽕잎을 따기 위해 날마다 온 산을 뒤지고 다녔다. 하루는 우리 집 노비들만으로는 일손이 부족하여 이웃 조인손의 손을 빌렸다. 그런데 이웃 중 행실이 못된 한복이란 놈과 인손 사이에 뽕잎을 두고 싸움이 벌어졌다. 결국 한복이 낫으로 인손의 얼굴을 찍었고, 인손은 눈썹 주위가 한 치쯤 찢어져 얼굴 가득 피를 흘렸다. 하마터면 인손의 한쪽 눈이 멀 뻔했다. 그야말로 뽕잎 전쟁이 따로 없었다.

누에 치는 곳에서도 쥐는 골칫거리였다. 작년에 있었던 일이다. 누에가 올라간 섶 밑에서 쥐 떼가 시끄럽게 싸우는 소리가 들렸다. 딸이 등을 밝히고 섶을 들추니, 큰 쥐 대여섯 마리가 달아났다. 망가진 누에고치가 산처럼 쌓여 있었고 아직 고치가 되지 못한 누에도 모두 씹혀서 썩어 버렸다. 곧장 섶을 다른 곳으로 옮겼지만, 쥐들이 이미 씹어 망가뜨린 것이 거의 3분의 1이나 됐다. 병아리를 기르려고 키우던 고양이를 부석사로 내보낸 일을 다시 한번 후회할 수밖에 없었다. 작년에 딴 고치를 헤아려 보니, 아내가 열일곱 말, 윤성의 처가 열세 말, 둘째 딸이 여덟 말로 모두 서른여덟 말이었다. 쥐 떼에게 도둑맞은 것이 거의 3분의 1이었으니, 원래대로였다면 쉰 말 남짓은 딸 수 있었을 것이다.

먹고살기 위해 벌들의 먹이까지 가로채다

정유년(1597) 4월에 이웃 사람 채억복이 새끼 벌이 들어 있는 벌통을 가져다주었다. 하지만 집안사람 중 누구도 벌을 키워 본 경험이 없어 첫해에는 아무것도 얻지 못했다. 작년(1598)에도 여러 사람이 벌통을 바쳤다. 벌통에 있던 벌들이 새끼 벌을 낳았지만, 많은 벌이 도망갔다. 그래도 사람을 불러 벌통 두 개를 떠내게 했더니, 꿀 아홉 되와 밀랍 여섯 냥 두 돈을 얻을 수 있었다.

해가 갈수록 벌 키우는 것에 더 관심이 커지면서 달콤한 꿀맛을 알아 갔다. 올해(1599) 1월에는 마침 날이 따뜻하여 벌 떼가 나와서 놀았는데, 한 벌통에만 벌이 전혀 들락거리지 않았다. 그래서 통을 열어 보니, 이미 굶어 죽은 벌들이 통 안에 쌓여 있었다. 지난가을에 꿀을 딸 때 통 속의 다리나무가 떨어져서 벌집도 모두 떨어져 내렸는데, 이 때문에 먹을 것이 다 떨어져 굶어 죽은 것이다. 밀랍을 따 보니 다섯 냥 다섯 돈이 나왔다.

벌 키우는 일에도 제법 익숙해지는 듯했다. 그러나 벌을

키워 얻은 꿀과 밀랍을 여기저기 요긴하게 쓰는 것은 좋지만, 벌들이 고생해서 지은 집과 1년 내내 모은 먹이를 하루 아침에 빼앗으려니 마음이 편하지 않았다. 집을 빼앗긴 벌들은 오래지 않아 다 죽을 터였다. 이는 차마 사람이 할 짓이 아니지만, 어쩔 수 없는 형편인지라 눈감을 수밖에 없었다. 도저히 양반이 할 만한 일이 아니라고 생각하면서도 이런 짓을 하니, 사람의 욕심을 막기는 어려운가 보다.

단아의 소상과 대상

임천 생활을 정리하고 평강으로 오던 길에 단아가 죽어 광주 토당에 묘를 만들어 주었다. 단아를 묻은 날에는 2월인데도 바람이 거세게 불고 눈이 많이 내렸다. 작년(1598) 2월에 단아의 소상(죽은 지 1년 만에 지내는 제사)을 치렀고, 올해(1599) 2월에는 대상(죽은 지 2년 만에 지내는 제사)이 있었다.

대상 날에는 윤성과 함께 제사를 지냈다. 단아가 건강하던 시절의 모습과 병으로 누워 있던 시절의 모습, 임종 때의 모습이 떠올라 애통한 마음에 눈물을 참을 수 없었다. 단아는 자기가 죽은 날부터 소상 전까지 제 어미가 매일 아침저녁 밥과 국을 올렸다는 사실을 알까. 우리 부부가 살아 있는 동안은 비록 먹던 밥으로라도 제사를 지내겠지만, 우리가 죽은 뒤에는 단아의 제사를 부탁할 곳이 없으리라. 이렇게 생각하니 비통하기 그지없었다.

세월이 아무리 흘러도 딸에 대한 그리움은 사그라들지 않는다. 단아가 보고 싶을 때면 단아가 쓴 일기를 꺼내 보며 단아를 추억하곤 한다. 단아가 벼루를 가져오다 실수로 깨뜨려서 울던 일을 읽고 있자니 나도 모르게 눈물이 옷깃을 적셨다. 30년 전 아버지께서 장성 현감으로 계실 때 얻은 것이었다. 난리로 온 집안 물건이 불에 타서 남은 것이라곤 없었는데, 벼루는 마침 내가 가지고 다녀 홀로 온전했다. 깨졌지만 고쳐서 써야겠다고 생각했다. 그때 단아는 벼루를 깨뜨린 후에 꾸지람을 들을까 걱정해서 울음을 그치지 않았다. 시간이 오래 지나 점차 잊히다가도 때때로 지난 일이 생각나니, 슬프고 가슴 아프다, 내 딸이여! 가련하고 애석하다.

둘째 딸의 혼례, 둘째 사위 김덕민

둘째 딸은 성질이 유순해서 비록 슬하에 오래 있었어도 조금도 노여워하거나 부모를 거역하는 낯빛을 보이지 않았다. 막내딸이 죽은 뒤로는 더욱 애정이 가서 집안일을 오로지 저에게 맡겼는데, 경자년(1600)에 접어들어 혼례를 치르며 우리 집을 떠나게 되었다. 우리 내외의 허전함은 이루 말할 수 없었다.

둘째 딸은 3월 22일에 김덕민과 혼례를 올렸다. 김덕민의 아버지는 이산 현감을 지낸 김가기로, 나와 아주 가까운 사이였다. 김가기는 내가 임천으로 옮길 즈음 이산 현감에 임명되었다. 그러다가 정유년(1597)에 왜놈들이 다시 난리를 일으켰을 때 산속으로 피란 갔다가 가족들이 왜놈들에게 몰살당했다. 김가기를 비롯하여 김덕민의 부인과 딸이 모두 죽은 것이다. 불행 중 다행으로 김덕민은 목숨을 보전했다. 나와 김가기가 막역했고, 덕민 또한 내 아들들과 친해서 서로의 집에 밥숟가락이 몇 개 있는지까지도 아는 사이였기 때문에 딸의 혼인 상대로 고민할 것이 없었다.

당초 혼례 날짜를 정했을 때는 모든 일이 아득하여 준비할 마음을 먹지 못했다. 그래도 여러 곳에서 빌리고 많은 사람이 도와준 덕분에 성대한 혼례식은 아니었으나, 문제 없이 잘 치를 수 있었다. 혼례식에는 이웃 마을의 어른과 아이가 합쳐 모두 서른 명 정도가 참석했다. 이들에게 술과 국수, 두 가지 탕, 고기, 과일을 대접했다. 다만 술을 넉넉하게 준비하지 못한 까닭에 겨우 세 동이를 내어다가 먹였다. 보아하니 덕민은 제 처를 보고 몹시 기뻐하는 것 같았다. 그러나 딸을 데리고 바로 남쪽으로 가려 한다고 하기에 우리 내외는 밤새 슬피 울었다.

딸이 덕민과 떠나는 날, 온 집안의 식솔들이 모여서 비통해했다. 아내는 소리까지 내어 통곡했다. 늘 슬하에 있어서 몹시 사랑하고 귀여워했던 딸이 이제 멀리 천 리 밖으로 떠나, 서로 소식조차 듣기 어렵게 되었다. 자주 병상에 누워 있던 아내를 대신해 온 집안일을 맡아서 우리 내외의 눈과 귀, 손과 발이 되어 주던 아이였는데, 그런 아이와 헤어지려니 더욱 마음이 아팠다.

떠나는 딸에게 노비들을 붙여 주었다. 남자 종 덕노가 말을 끌게 하고, 여자 종 향비는 잠시 데리고 갔다가 올가을에 돌려보내게 했으며, 여자 종 눌비는 아주 데리고 가서 부리게 했다. 가는 동안 양식이 부족하지 않도록 백미 두 말 다섯 되, 말먹이 콩 여덟 말, 콩가루 네 말을 내주었다. 노비들의 양식은 철원에서 받은 환곡에서 필요한 만큼 떼어 가게 했다.

나는 말을 빌려 타고 딸네가 점심 먹는 곳까지 따라갔다가 돌아왔다. 작별할 때 마주 보며 슬피 울어 눈물이 두 소매를 적셨다. 딸이 먼저 말을 타고 떠났고, 나는 한참 동안 우두커니 서서 바라보다가 행렬이 언덕 너머로 사라져 보이지 않은 뒤에야 말머리를 돌렸다.

딸을 떠나보낸 다음 날 새벽에 잠에서 깼는데, 딸이 아직 우리 집에 있는 듯했다. 딸의 음성이 들리는 것 같기도 하여 아내와 마주 보고 눈물을 흘렸다. 딸의 행렬이 지금쯤 어디까지 갔는지도 걱정됐다. 딸이 떠난 뒤로 아내는 딸의 물건만 봐도 종일 눈물을 흘렸고, 밤에도 자다 깨서 우는 날이 잦았다. 이 때문에 먹는 양도 전보다 크게 줄었다. 큰 병이 날까 몹시 불안했다.

연안 이씨의 목소리

단아, 네가 먼저 가다니, 애통함을 어이할꼬

　둘째 딸의 혼례를 올리고 손주들 키우며 사는 아이들이 오랜만에 모두 모여 밤새 이야기꽃을 피웠다. 정이 많은 남편은 날이 밝아 아이들이 하나둘 떠나갈 때마다 그렇게나 아쉬워했다.

　전쟁이 정리되고 주변 상황이 안정되니, 난리가 시작됐던 때가 생각난다. 임금이 빠져나가 텅 빈 도성에서 짐을 꾸려 피란을 가던 날에는 정말 막막한 심정이었다. 어머님과 따로 피란길에 오르고, 남편과 만나고, 헤어졌던 어머님과 다시 만나기까지 하루도 편안히 잠자리에 들지 못했다. 오랫동안 일상을 벗어나 살았더니, 이제는 일상이 어색하게 느껴질 지경이다.

　둘째 딸의 혼례를 치르고 나니 막내딸 단아가 아른거린다. 눈에 넣어도 아프지 않을 막내가 가장 먼저 세상을 떴다. 죽는 데는 순서가 없다지만, 그 어린것이 몹쓸 병에 걸려서…. 전쟁 중이라 곤궁하여 제대로 된 의원도 구하지 못했고 약도 쓰지 못했다. 아이가 앓는 것을 그저 보고만 있어야 했던 그 심정을 뭐라 표현할 수 있을까?

단아는 갑자기 시작된 무시무시한 고통을 다섯 달 동안 견뎌야 했다. 제대로 먹지 못해 몇 가닥 남지 않은 머리카락에는 이가 득실거렸다. 단아에게 음식을 먹이고 머리를 감길 때 앙상한 몸을 일으켜 주며 얼마나 많은 눈물을 흘렸는지 모른다. 하늘이 무너지고 가슴이 찢기고 살이 떨어져 나가는 듯한 아픔이었다. 이 어리고 착한 것에 귀신이라도 들어왔던 것일까? 도대체 왜?

단아가 죽은 지 백 일이 되었을 때, 단아에게 씐 귀신을 위로하기 위해 무당을 불러 제사를 지냈다. 단아가 내 앞에 없는 마당에 무슨 의미가 있을까 싶었지만, 단아가 조금이라도 더 편안히 길을 가기를 바랐다. 남편은 별 소용이 없는 일이라고 생각했지만, 자식 잃은 어미의 슬픔을 조금이나마 위로해 주려는 듯, 못 이기는 척 봐주었다.

단아의 기일마다 애통한 마음으로 제사를 지낸다. 단아가 좋아했던 물건을 보면 아직도 눈물이 흐르고, 꿈속에서라도 단아를 보는 날이면 뜬눈으로 밤을 지새운다. 오늘같이 집안에 좋은 일이 있는 날에는 막내딸 생각에 특히 애절해진다. 형부가 생겼다며 좋아했을 단아의 얼굴이 보이는 듯하다. 윤겸이 급제하여 풍악을 울리며 들어오던 날, 단아가 있었다면 가장 신나 큰 오라비를 자랑스러워했을 것이다. 가여운 것, 고생만 하고 결국 평강으로 옮겨 살아보지도 못했다. 이제 곧 우리 식구들 모두 한양으로 돌아갈 수 있건만, 단아는 피란 중에 죽어 고향 땅을 다시 밟지 못하니, 애통하다. 애통해!

집안의 기쁨, 손자들이 태어나다

평강에 온 뒤에 네 아들 내외가 모두 아이를 낳았다. 둘째 윤해의 처와 셋째 윤함의 처는 아들을, 첫째 윤겸의 처와 넷째 윤성의 처는 딸을 낳았다. 윤겸의 처는 딸을 낳고 얼마 지나지 않아 그렇게 바라던 아들을 낳았다. 이 아이는 곧 집안의 장손으로 자라, 선대의 제사를 잘 받들 것이다. 윤겸의 아들이 태어난 날이 아직도 생생히 기억난다. 그날 나는 밤새 기뻐서 잠을 이루지 못했다. 아이를 낳은 며느리도 큰 탈이 없었고 아이도 튼실하다고 했다. 아이의 이름을 승업이라고 지었다. 조상의 남은 업을 계승하여 대대로 끊이지 않게 하라는 뜻이다.

첫째 아들을 낳고 2년 뒤, 경자년(1600) 3월 27일에 윤겸네가 또 아들을 낳았다. 몸집이 크고 단정하다고 한다. 연이어 두 아들을 얻었으니, 한집의 경사가 어찌 이보다 더할 수 있겠는가? 아이의 이름은 홍업이라고 지었다고 한다.

기해년(1599) 5월에 윤함의 처가 둘째 아들을 낳았고, 경자년(1600) 5월에는 윤성의 처도 잘생긴 아들을 낳았다. 윤성네 아들 이름은 창업이라고 지었다. 윤겸의 두 아들의 이름을 이어서 지었는데, 조상의 업을 물려받아 창성하게 만들기를 바란다는 뜻이다. 우리 문중이 쇠약해져서 피붙이가 많지 않았다. 그러나 내가 아들을 넷 두었고, 나의 아들들도 모두 아들을 낳았다. 이미 본 손주만 여덟 명이다. 또한 그들 내외가 모두 젊으니 절대 이에 그치지 않을 것이다. 이 아이들 중 쇠약해진 가문을 창대하게 만드는 아이가 반드시 있을 것이다. 이를 길이 축원한다.

오희문의 '반려동물'들

오희문은 전쟁을 피해 자주 거처를 옮겨야 했다. 생계를 위해 작은 땅을 빌려 농사를 짓기는 했지만, 농사만으로는 가족을 먹여 살릴 수 없어 부업을 병행했다. 이 과정에서 여러 동물이 오희문 가족의 생계를 도왔다.

누에는 누에나방의 유충이다. 누에의 고치에서 명주실을 얻을 수 있어 인간은 오래전부터 누에를 키웠다. 명주실로 만든 비단이 비싸게 팔렸으므로, 오희문도 생계를 위해 누에를 키웠다. 그러나 누에가 쉴 새 없이 뽕잎을 먹어 치우는 바람에 농사철에는 뽕잎을 구할 일손이 부족했다. 어떤 해에는 농사를 접어 두고 누에치기에만 온 정성을 쏟았는데, 쥐 떼가 누에를 잡아먹어 헛물만 켜기도 했다.

평강으로 옮겨 온 이후에는 벌과 매를 키웠다. 벌집에서 얻은 꿀로 약과 등 음식을 만들고, 남은 꿀은 저장해 두었다가 약으로 썼다. 매는 주로 꿩 사냥에 동원됐다. 오희문은 직접 매를 조련할 수 없어 매를 조련하는 사람에게 맡겨 꿩을 잡아 오게 했다. 매가 사냥한 꿩은 연로한 오희문의 어머니가 기운을 차릴 수 있게 해 주는 좋은 식재료였다.

임천에 있을 때는 강아지를 세 마리 키웠다. 제일 큰 강아지는 입술이 검은색이라 흑순이, 그다음은 꼬리가 흰색이라 미백이, 가장 작은 강아지는 다리가 흰색이라 족백이라고 불렀다. 임천에서 평강으로 이사 가던 날, 다른 강아지들과 달리 흑순이는 옛집으로 돌아가서는 오희문 가족을 따라오지 않았다. 오희문은 목줄을 채워 끌고 가려고도 했지만, 끝내 따라오지 않은 흑순이를 옆집에 맡기고 떠났다. 오희문은 흑순이가 쥐도 잡고 때때로 참새도 잡아 오는 것을 보고, 장차 꿩 잡는 데 쓰려고 아침저녁으로 밥을 덜어 주며 길렀는데 데려오지 못했다며 아쉬워했다. 동물도 자신이 살던 곳이 좋은 것일까?

10

다시 한양으로

윤겸 덕에 관직 후보에 오르다

윤겸은 과거에 급제한 뒤에도 계속 평강 현감으로 남았다. 그러다가 2년이 지나 기해년(1599) 2월에 평강 현감 사직서를 올렸으나, 받아들여지지 않았다. 이후 11월까지 네 번을 반복해서 사직서를 올렸고, 마침내 사직서가 받아들여져 평강을 떠나게 되었다.

현감직을 그만두게 된 지 한 달도 안 되어 윤겸은 평강을 떠났다. 작별하는 날, 마음이 복잡하여 밤새 잠을 이루지 못했다. 이 뒤로는 관아에서 물건을 받아 쓸 수 없고 농사도 여의치 못할 것이니, 깊은 산골에서 어찌 살아야 할지 막막했다.

윤겸은 평강을 떠나 결성에 거처했다. 경자년(1600) 8월 20일에 윤겸의 결성 집에 불이 나서 집이 다 타 버렸다고 한다. 여자 종 막종이 밤에 불을 켜 둔 채 일을 하다가 잠이 들어 짚자리에 불이 옮겨붙은 것이다. 강한 바람에 불길이 드세져서 처자들이 아이만 안고 뛰쳐나오느라 물건 하나 챙겨 나오지 못했다. 이 화재로 여섯 집이 일시에 타 버렸다고 한다. 그러나 사람들은 다친 데 없이 무사했고, 가을 곡식도 거두어들이지 않았으니, 불행 중 다행이었다.

옷이 다 타 버렸다고 해서 새로 만든 내 홑바지를 윤겸에게 보냈다. 우리 집에도 여분의 옷이 없지만, 다른 방법이 없었다. 11월 4일에 도착한 윤겸의 편지에는 이웃의 도움을 받아 여섯 칸짜리 초가집을 지었고, 필요한 옷도 모두 만들었다는 소식이 적혀 있었다. 그제야 마음이 놓였다.

윤겸은 그해 12월에 세자시강원 문학에 제수되었다가, 신축년(1601) 1월에 홍문관 수찬에 임명되었다. 이후 체찰사 이덕형이 윤겸을 종사관으로 추천하여 경상도로 가게 되었다. 나 역시 선공감역으로 추천되었지만, 낙점을 받지는 못했다. 이 역시 운명이다. 일찍이 조상의 덕으로도 벼슬을 지낸 적이 없는데, 자식의 힘으로 나이 60세에 처음으로 관직 후보에 올랐다. 비록 실제로 관직에 나아가지는 못했지만, 후보에 오른 것만으로도 영광이라고 생각한다.

평강을 떠나기로 하다

신축년(1601) 2월 22일에 평강을 떠나기로 했다. 날짜를 정하니 마음도 분주해졌다. 4년 동안의 곤궁한 살림을 정리하며 짐을 꾸렸다. 그동안 애써 키운 종자 벌 세 통은 김억수, 김언신, 집주인 억지 등에게 맡기고 가을에 사람을 보내 채취해 가기로 했다. 남은 짐은 이웃들에게 나눠 주었다.

길을 떠나기에 앞서 시원찮은 윤성의 말은 암송아지를 얹어 튼튼한 말과 바꾸었다. 남자 종을 시켜 한양의 아는 사람 집에 미리 물건을 실어 보냈다. 덕노가 소금을 팔아서 쌀두 말과 조 여섯 말 다섯 되를 가져왔다. 이것으로 여행 식

량은 되겠지만 말먹이 콩이 부족하여 걱정하던 차에 안협
사람 진선이 말먹이 콩 열 말을 보내 주어 근심을 덜었다.
그동안 정을 나누었던 부석사의 중 법희와 태현, 민시중 등
많은 사람이 찾아와 작별을 아쉬워하며 선물을 주고 갔다.
떠나는 날에는 평소 친하게 지내던 이웃이 모두 모여서 우
리를 송별했다.

꿈에 그리던 한양으로 돌아오다

　신축년(1601) 2월 22일 느지막이 평강을 출발했다. 병 든
아내가 험한 길에 말을 탈 수가 없어, 젊고 건장한 사람을
열 명 정도 뽑아서 가마를 메게 했다. 일정을 계산해서 양식
을 가져왔지만, 일행이 많아서 생각보다 빠르게 양식이 줄
어들었다. 가는 길에 배를 곯게 되지 않을까 걱정했는데, 다
행히 26일에 무사히 한양에 도착했다.

　도착하자마자 기쁜 소식을 들었다. 윤해가 이번 과거에
차상 점수를 받아 합격했다고 한다. 또 황해도에 있는 윤함

집안에 전염병이 돌았지만 모두 회복되어 건강하게 지내고 있고, 지난 14일에는 윤함의 처가 사내아이를 낳았다고 한다. 막 세상에 나온 아이가 전염병까지 잘 치러 냈다고 하니 얼마나 대견하던지.

내가 한양을 떠난 지 9년 3개월이 되었다. 이제 돌아오니, 그간 떠돌던 세월이 꿈결 같다. 죽지 않고 살아 있어, 또 이날을 마주한 것이다.

일기를 끝맺다

나는 신묘년(1591) 11월 27일에 한양을 떠나면서 일기를 쓰기 시작했다. 한양으로 돌아와 마침 종이도 다 떨어졌고, 무엇보다 더는 떠돌아다니지 않게 되었다. 그러므로 신축년(1601) 2월 27일, 이제 일기를 마친다.

『쇄미록』: 그래도 삶은 계속된다

임진왜란은 조선은 물론, 오희문 개인의 삶에도 큰 고통을 남겼다. 그는 끝나지 않을 것 같은 고통에 차라리 죽는 것이 낫다고 생각하면서도, 가족을 만나겠다는 생각으로 끝까지 살아남았다.

오희문은 장수, 홍주, 임천, 평강에서의 피란 생활을 끝내고 한양으로 돌아가기까지의 여정을 일기로 기록하고, 이를 책으로 엮은 뒤 『쇄미록』이라고 이름 지었다. '쇄미록瑣尾錄'이라는 제목은 『시경』의 "쇄혜미혜瑣兮尾兮 유리지자流離之子"라는 구절에서 따온 것으로, '보잘것없이 떠도는 사람의 기록'이라는 의미다.

이후 『쇄미록』은 오희문의 후손인 해주 오씨 집안에 대대로 전해 내려왔다. 1908년에 해주 오씨 집안에서 『쇄미록』을 간행하려 했지만, 당시 나라의 상황이 어려워 뜻을 이루지 못했다. 그러다가 1990년에 처음으로 한글 번역본

이 출간되었고, 1991년 9월, 『쇄미록』이 그 역사적 가치를 인정받아 국가 보물로 지정되었다.

430년 전에 기록된 보통 사람의 일기에 무슨 의미가 있기에 아직도 많은 이가 『쇄미록』을 찾는 것일까? 『쇄미록』은 군인이나 관리가 아닌 피란민이 기록한 일기다. 그래서 『쇄미록』에는 전쟁의 참상이 더 생생하게 드러나 있다. 우리는 『쇄미록』에서 삶의 터전과 지인, 가족을 잃은 사람들을 만난다. 그들은 그런 불행에도 농사를 짓고, 벌을 키우고, 매사냥을 하고, 누에를 치는 한편, 과거 시험을 보고, 혼례를 치르고, 아이를 낳아 기른다.

『쇄미록』을 읽다 보면, 그들이 울고 웃는 이유가 우리가 울고 웃는 이유와 크게 다르지 않다는 느낌을 받는다. 세월이 흘러 삶의 모습은 변화했어도, 삶의 의미는 달라지지 않았기 때문이다.

일상이 무너져도 삶은 계속된다. 다행히 계속되는 삶이 아프고 쓰라리기만 한 것은 아니다. 늘 그랬던 것처럼 맑았다가 흐렸다가, 비도 오고 눈도 내리면서, 그렇게 오늘과 내

일이 흘러간다. 우리는 그 속에 잠시 머물며 새로운 오늘의 슬픔과 기쁨, 고통과 환희를 만날 것이다.

청소년을 위한 쇄미록

2024년 9월 2일 초판 1쇄 찍음
2024년 9월 13일 초판 1쇄 펴냄

지은이 오희문
엮어쓴이 서윤희

책임편집 정용준
디자인 김진운
그림 김현주
본문조판 민들레

펴낸이 윤철호
펴낸곳 ㈜사회평론아카데미
등록번호 2013-000247(2013년 8월 23일)
전화 02-326-1545
팩스 02-326-1626
주소 03993 서울특별시 마포구 월드컵북로6길 56
이메일 academy@sapyoung.com
홈페이지 www.sapyoung.com

ISBN 979-11-6707-142-2 43910